KB107768

신주사기 4

진본기

이 책은 롯데장학재단의 지원을 받아 번역, 출간되었습니다.

신주사기 4/ 진본기

초판 1쇄 인쇄 2020년 3월 1일
초판 1쇄 발행 2020년 3월 16일

지은이 (본문) 사마천
　　　　(삼가주석) 배인·사마정·장수절
번역 및 신주 한가람역사문화연구소 사기연구실

펴낸이 이덕일
펴낸곳 한가람역사문화연구소

등록번호 제2019-000147호
주소 서울특별시 마포구 마포대로라길 8 2층
전화 02) 711-1379
팩스 02) 704-1390
이메일 hgr4012@naver.com

ISBN 979-11-969482-4-5 93910

이 도서의 국립중앙도서관 출판시도서목록(CIP)은
서지정보유통지원시스템 홈페이지(http://seoji.nl.go.kr)와
국가자료공동목록시스템(http://www.nl.go.kr/kolisnet)에서 이용하실 수 있습니다.
(CIP제어번호: CIP2020005175)

세계 최초
**삼가주석
완역!**

신주
사기

④

진본기

지은이
본문_ 사마천
삼가주석_ 배인·사마정·장수절

번역 및 신주
한가람역사문화연구소 사기연구실

한가람역사문화연구소

차례

진본기 秦本紀

사기 제5권 史記卷五

新註史記

제2장 진秦나라가 크게 일어서다

사기 제5권 史記卷五

진본기 秦本紀

제1장

진秦나라는 소호의 후예다

순임금이 영성을 내리다

진秦나라의 선조先祖는 제전욱帝顓頊의 후예[1]로서 여수女脩라고 한다. 여수女脩가 어느 날 베를 짜고 있는데 현조玄鳥가 알을 떨어뜨렸다. 여수가 그 알을 받아 삼켜서 임신을 해 아들 대업大業을 낳았다.[2] 대업은 소전少典의 딸에게 장가를 들었는데 그녀가 여화女華이다. 여화는 대비大費를[3] 낳았는데 우禹와 함께 하천과 육지를 다스렸다. 이를 잘 마치자 요임금이 현규玄圭를 하사했다.

秦之先 帝顓頊之苗裔[1]孫曰女脩 女脩織 玄鳥隕卵 女脩吞之 生子大業[2] 大業取少典之子 曰女華 女華生大費[3] 與禹平水土 已成 帝錫玄圭

① 顓頊之苗裔전욱지묘예

정의 황제黃帝의 손자이고 호號를 고양씨高陽氏라고 했다.

【正義】 黃帝之孫 號高陽氏

신주 진秦나라 시조 여수가 현조의 알을 삼켜서 임신해 대업을 낳았다는 것은 동이족 난생사화다. 또한 모친만 나오는 것 역시 동이족 모계사회를 말해준다. 사마천의 《사기》〈오제본기〉와 〈진본기〉를 함께 분석하면 몇 가지 사실을 파악할 수 있다. 첫째 진나라 선조를 제전욱의 후예라고 하면서 대업이 소전의 딸 여화와 혼인해 대비를 낳았다고 하는 부분은 사마천이 정리한 계보가 혼란스럽다는 것을 말해준다. 사마천이 〈오제본기〉에서 설정한 계보에 따르면 소전은 제전욱의 증조 할아버지다. 소전의 딸이 손자뻘인 제전욱의 후손 여성이 낳은 대업과 혼인했다는 것이니 사실로 보기 힘든 계보다. 사마천이 진나라의 계보를 무리하게 제전욱의 후손으로 설정하는 데에서 나온 모순이든지 사위에게 전위하는 동이족 혼인 풍습을 부계로 바꾸는 과정에서 발생한 모순일 것이다.

큰 틀에서 보면 소전과 제전욱의 후예가 진나라 선조라는 것인데, 그중에서 대업의 아들 대비가 백예로서 영성嬴姓이 되었고, 그 후손인 조보가 조씨가 되었다는 것이다. 즉 진나라는 물론 조나라가 모두 소전과 제전욱의 후예라는 것이다. 그런데 사마천은 이 계보에서 소호를 지웠다. 그래서 사마정은 《색은》에서 영성이 소호의 후예라고 말한 것이다. 《사기》〈봉선서封禪書〉에 "진나라는 소호少昊의 제사를 주관한다."고 쓴 것도 영성이 소호의 후손임을 말해준다. 사마천은 진나라의 영성을 소호 후손이 아니라 제전욱 후손이라고 썼지만 전욱 후손이라고 해도 동이족이기는 마찬가지다. 그래서 〈진본기〉 마지막에 태사공사마천의 말로 진나라 성이 영씨이며 그 후손이 서徐·담郯·거莒 등 동이족 나라에 봉해졌다고 쓴 것이다. 오제 및 하·은·주가 모두 동이족이라는 사실은 굳이 낙빈기의《금문신고》를 빌리지 않더라도《사기》의 각 기록을 자세히 분석하면 명확하게 알 수 있다.

《사기》〈오제본기〉와 〈진본기〉의 세계도

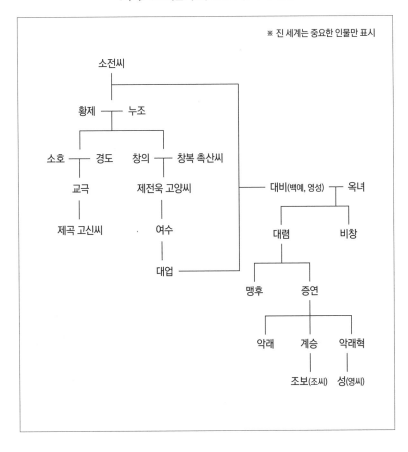

② 女脩吞之生子大業여수탄지생자대업

색은 여수女脩는 전욱顓頊의 후예인데 제비 알을 삼키고 대업大業을 낳았다. 그의 아버지는 분명하지 않은데도 진秦나라와 조趙나라는 어머니가 같은 종족이라 하여 전욱을 조상으로 섬기니 사람의 도의가 아니다. 살펴보니 《좌전》에 담국郯國은 소호씨少昊氏의 후예이고 영성嬴姓은 아마 그의 종족이니 진秦과 조趙의 조상은 소호씨少昊氏이다.
【索隱】 女脩 顓頊之裔女 吞鳦子而生大業 其父不著 而秦 趙以母族而祖顓頊 非生人之義也 按 左傳郯國 少昊之後 而嬴姓蓋其族也 則秦 趙宜祖少昊氏

정의 《열녀전》에는 "도陶의 아들은 태어난 지 5세에 우禹임금을 보좌했다."라고 했다. 조대가曹大家는 주석에서 "도陶의 아들이 고요皐陶의 아들 백익伯益이다."라고 말했다. 고증해 보면 이것은 곧 대업大業이 본래 고요皐陶인 것을 알 수 있다.
【正義】 列女傳云 陶子生五歲而佐禹 曹大家注云 陶子者 皐陶之子伯益也 按此卽知大業是皐陶

③ 大費대비

색은 費는 발음이 '비[扶味反]'인데 '비祕'로도 발음한다. 곧 비費의 후예로 씨氏를 삼았다면 '비[扶味反]'가 맞을 것이다. 이는 진秦과 조趙의 조상이고 영성嬴姓의 선조로서 일명 백예伯翳다. 《상서》에서는 '백익伯益'이라고 일렀고, 《계본》과 《한서漢書》도 '백익伯益'이라고 이른 것이 이것이다. 거듭해서 《사기》의 여러 문장을 점검해보니 백예伯翳와 백익伯益이 한 사람인 것은 의심할 여지가 없다. 〈진기세가陳杞系家〉는 백예와 백익을 차례로 두 사람으로 서술했는데 아마도 태사공이 의심했지만 해결하지 못한 것이다. 대저 또한 잘못된 것이 아닐까?

【索隱】 扶味反 一音祕 尋費後以爲氏 則扶味反爲得 此則秦 趙之祖 嬴姓之先 一名伯翳 尚書謂之伯益 系本 漢書謂之伯益 是也 尋檢史記上下諸文 伯翳與伯益是一人不疑 而陳杞系家卽敍伯翳與伯益爲二 未知太史公疑而未決邪 抑亦謬誤爾

우가 받으면서 말했다.

"저 혼자 이룬 것이 아니라 또한 대비大費가 도왔습니다."

순임금이 말했다.

"아! 비야! 우禹를 도운 공로가 있어 너에게도 조유皁游를[1] 하사하니, 너의 후손들이 장차 크게 번성하리라."[2]

이에 요씨姚氏의 옥녀玉女를[3] 아내로 삼아 주었다. 대비大費가 절하여 받고 순임금을 도와 새와 짐승을 길들였다. 새와 짐승이 많이 길들여지고 복종했는데 이 사람을 백예柏翳라고 했다. 순임금이 영씨嬴氏라는 성姓을 내렸다.

禹受曰 非予能成 亦大費爲輔 帝舜曰 咨爾費 贊禹功 其賜爾皁游[1] 爾後嗣將大出[2] 乃妻之姚姓之玉女[3] 大費拜受 佐舜調馴鳥獸 鳥獸多馴服 是爲柏翳 舜賜姓嬴氏

① 皁游조유

游는 발음이 '유旒'이다. 검은색 기와 깃발에 검은색 옥으로 만든 보조물을 하사해서 큰 공을 이룬 것을 말한 것이다. 그러나 그 일도 마땅히 나오는 바가 있는 것이다.

【索隱】 游音旒 謂賜以皁色旌斾之旒 色與玄玉色副 言其大功成也 然其事亦當有所出

② 大出대출

출出은 '생生'과 같은 뜻이다. 너의 후사들이 번창해서 장차 자손들이 많이 나올 것이라고 말한 것이다. 그래서 《좌전》도 "진晉나라 공자 희姬가 나왔다."라고 이른 것이다.

【索隱】 出猶生也 言爾後嗣繁昌 將大生出子孫也 故左傳亦云 晉公子姬出也

③ 姚姓之玉女요성지옥녀

서광은 "황보밀이 현옥玄玉을 하사하고 요씨 성姚姓의 딸로 아내를 삼아 주었다고 했다."라고 했다.

【集解】 徐廣曰 皇甫謐云賜之玄玉 妻以姚姓之女也

대비大費는 아들 2명을 낳았다. 첫째는 대렴大廉이라고 하나 실제로는 조속씨鳥俗氏였고, 둘째는 약목若木이라고 하지만 실제로는 비씨費氏였다.① 약목의 현손玄孫은 비창費昌인데 자손들이 중국에 있기도 했고 혹은 이적夷狄에 있기도 했다.② 비창은 하夏나라 걸桀왕 때 하夏나라를 떠나 상商(은)나라로 귀의해 탕임금의 수레를 몰았으며 걸桀을 명조鳴條에서 격퇴했다.

大費生子二人 一曰大廉 實鳥俗氏 二曰若木 實費氏① 其玄孫曰費昌 子孫或在中國 或在夷狄② 費昌當夏桀之時 去夏歸商 爲湯御 以敗桀於鳴條

① 鳥俗氏~實費氏조속씨~실비씨

색은   중연仲衍은 새의 몸체에 사람의 말을 했기에 조속씨鳥俗氏가 되었다. 속俗은 한 곳에는 욕浴으로 되어 있다. 약목若木은 자字가 왕보王父인데 비씨費氏가 되었다.

【索隱】 以仲衍鳥身人言 故爲鳥俗氏 俗 一作浴 若木以王父字爲費氏也

신주   진나라 선조인 조속씨가 새 몸에 사람의 말을 했다는 것은 난생사화와 새 토템이 결합된 것이다. 중국어에서는 토템을 도등圖騰이라고 하는데, 새 토템을 '조봉도등鳥鳳圖騰'이라고 해서 동이족의 주요 특징 중 하나로 꼽고 있다(임기동이문화박물관 편,《도설동이》)

베트남 문랑국文郎國의 건국사화도 난생신화이다. 문랑국을 세운 웅왕은 염제의 후손이다. 염제는 3황 가운데 1명이며 동이족이다. 웅왕은 나라를 15부로 나누었는데 주연朱鳶, 육해陸海, 복록福祿, 월상越裳, 영해寧海, 양천陽泉, 계양桂陽, 무녕武寧, 회환懷驩, 구진九眞, 일남日南, 진정眞定, 계림桂林, 상군象郡 등이다.(『베트남 신화와 전설』) 진·한 시기에 15부 강역은 지금의 광동성과 복건성, 광서동부, 호남남부, 베트남 북부 등 광대한 지역에 걸쳐있다.

② 或在夷狄혹재이적

색은 은殷나라 주紂왕 때의 비중費仲은 곧 비창費昌의 후예이다.

【索隱】 殷紂時費仲 卽昌之後也

대렴大廉의 현손玄孫을 맹희孟戲와 중연中衍이라 했는데① 그는 새 몸으로 사람의 말을 했다.② 상商나라 태무太戊 임금이 소문을 듣고 수레를 몰게 하려고 점을 쳐보니 길하다고 했다. 이에 마침내 수레를 몰게 하고 아내도 얻어 주었다. 태무임금 이후부터 중연의 후예들은 비로소 세상에 공로가 있었고③ 은殷나라를 도왔으므로 영씨嬴氏의 성씨가 많이 드러났고 마침내 제후가 되었다.

大廉玄孫曰孟戲 中衍① 鳥身人言② 帝太戊聞而卜之使御 吉 遂致使御而妻之 自太戊以下 中衍之後 逐世有功③ 以佐殷國 故嬴姓多顯 逐爲諸侯

① 孟戲仲衍맹희중연

색은 옛날 해석舊解에는 맹희孟戲와 중연仲衍을 한 사람으로 봤는데 지금 맹孟과 중仲으로 자字를 나눈다면 마땅히 이는 두 사람의 이름이다.

【索隱】 舊解以孟戲仲衍是一人 今以孟仲分字 當是二人名也

② 鳥身人言조신인언

정의 몸은 새인데 사람의 말을 할 줄 알았다. 또 입과 손과 발이 새와 비슷하다고 일렀다.

【正義】 身體是鳥而能人言 又云口及手足似鳥也

③ 遂世有功수세유공

정의 비창費昌과 중연仲衍을 말한다.
【正義】 謂費昌及仲衍

그 중연의 현손을 중휼中潏[①]이라고 하는데 서융西戎에 있으면서 서쪽 변방을 지켰다. 그는 비렴蜚廉을 낳았다. 비렴은 악래惡來를 낳았다. 악래는 힘이 셌고[②] 비렴은 달리기를 잘했다. 아버지와 아들이 함께 재주와 능력을 갖추어 은殷나라의 주紂를 섬겼다. 주나라 무왕武王이 주왕紂王을 정벌할 때 악래도 함께 죽었다. 이때 비렴은 주紂를 위해 북방에서 석곽石槨을 만들었는데[③] 돌아오니 주왕이 죽어서 보고할 곳이 없게 되자 곽태산霍太山에[④] 제단을 만들어 보고하고 석관石棺을 얻었다.[⑤] 석관의 명銘에서 말했다.

"제帝께서 처보處父(비렴)를[⑥] 은나라의 어지러움에 함께하지 않도록 하시고, 너에게 석관을 내려 씨족이 번성하게 하리라."

其玄孫曰中潏[①] 在西戎 保西垂 生蜚廉 蜚廉生惡來 惡來有力[②] 蜚廉善走 父子俱以材力事殷紂 周武王之伐紂 并殺惡來 是時蜚廉爲紂石北方[③] 還 無所報 爲壇霍太山[④]而報 得石棺[⑤] 銘曰 帝令處父[⑥]不與殷亂 賜爾石棺以華氏

① 中潏중휼

집해   서광은 "휼潏은 다른 본에는 활滑로 되어 있다."라고 했다.
【集解】 徐廣曰 一作滑

정의   中은 '중仲'으로 발음하고 潏은 '결決'로 발음한다. 송충宋衷은
《세본世本》주석에서 "중활仲滑이 비렴飛廉을 낳았다."라고 했다.
【正義】 中音仲 潏音決 宋衷注世本云仲滑生飛廉

② 惡來有力악래유력

집해   《안자춘추晏子春秋》에는 "악래는 손으로 호랑이와 들소를 찢
는다."라고 했다.
【集解】 晏子春秋曰 手裂虎兕

③ 石北方석북방

집해   서광은 "황보밀은 석곽石椁을 북방에서 만들었다."라고 했다.
【集解】 徐廣曰 皇甫謐云作石椁於北方

색은   '석石' 아래에는 (원래) 글자가 없어서 문장을 이루지 못했고 뜻
에도 보이는 바가 없으니 반드시 《사기》에서 빠졌을 것이다. 황보밀이
오히려 그 설명을 얻었다. 서광이 비록 인용했지만 끝까지 이 탈자脫字

가 어떤 글자인지 말하지 않았으니 제멋대로 질정한 것이 심했다.

【索隱】 石下無字 則不成文 意亦無所見 必是史記本脫 皇甫謐尚得其說 徐雖引之 而竟不云是脫何字 專質之甚也

정의 爲는 '위[于僞反]'로 발음한다. 유백장劉伯莊은 "곽태산霍太山은 주紂가 도읍한 북쪽이다. 곽태산은 진주晉州 곽읍현霍邑縣에 있다."라고 했다. 조사해보니 위주衛州 조가朝家 서쪽에 있다.

【正義】 爲 于僞反 劉伯莊云 霍太山 紂都之北也 霍太山在晉州霍邑縣 按 在衛州朝歌之西方也

④ 霍太山곽태산

집해 〈지리지〉에 "곽태산은 하동河東 체현彘縣에 있다"라고 했다.

【集解】 地理志霍太山在河東彘縣

⑤ 石棺석관

정의 주紂가 이미 붕어해서 돌아가 보고할 곳이 없었다. 그러므로 곽태산에 나아가 단壇을 만들어 주紂에 제사하고 그 보답으로 석곽을 얻었다.

【正義】 紂既崩 無所歸報 故爲壇就霍太山而祭紂 報云作得石槨

⑥ 處父처보

비렴蜚廉의 별호別號이다.

【索隱】 蜚廉別號

> 비렴이 죽자 곽태산에 장례를 치렀다.[1] 비렴에게는 다른 자식이
> 있었는데 계승季勝이다. 계승은 맹증孟增을 낳았다. 맹증은 주
> 周나라 성왕成王의 총애를 받았는데 이이가 택고랑宅皋狼이다.[2]
> 택고랑은 형보衡父를 낳았다. 형보는 조보造父를 낳았다. 조보는
> 수레를 잘 몰아서 주목왕周繆王의 총애를 받았다. 주목왕은 기
> 驥와 도려盜驪(도려盜驪)와[3] 화류驊駵와[4] 녹이騄耳의 네 말이 끄
> 는 수레를 타고[5] 서쪽으로 순수巡狩했는데 즐거워서 돌아오는
> 것을 잊었다.[6]
>
> 死 遂葬於霍太山[1] 蜚廉復有子曰季勝 季勝生孟增 孟增幸於周成王
> 是爲宅皋狼[2] 皋狼生衡父 衡父生造父 造父以善御幸於周繆王 得驥
> 溫驪[3] 驊駵[4] 騄耳之駟[5] 西巡狩 樂而忘歸[6]

① 遂葬於霍太山수장어곽태산

집해 황보밀은 "체현彘縣에서 15리 떨어진 곳에 묘지가 있는데 항상
제사했다."라고 했다.

【集解】 皇甫謐云 去彘縣十五里有冢 常祠之

처보處父는 지극히 충성스러워 국가가 멸망하고 군주가 죽었는
데도 신하의 절개를 잊지 않았다. 그러므로 하늘에서 석관을 내려서 그
종족에 빛과 영화가 있게 했다고 말한 것이다. 그러나 이 일은 아마 사
실이 아닐 거라서 초주譙周는 "깊게 믿지 못하겠다."라고 했다.

【索隱】 言處父至忠 國滅君死而不忘臣節 故天賜石棺 以光華其族 事蓋非
實 譙周深所不信

② 宅皋狼택고랑

【정의】 〈지리지〉에는 서하군西河郡 고랑현皋狼縣이라고 했다. 상고해보
니 맹증孟增이 고랑皋狼에 살면서 형보衡父를 낳았다고 했다.

【正義】 地理志云西河郡皋狼縣也 按 孟增居皋狼而生衡父

③ 得驥溫驪득기도려

【집해】 서광은 "온溫은 다른 본에는 '도盜'로 되어 있다."라고 했다. 배
인이 조사해보니 곽박郭璞은 "말의 목이 가는 것이다. 려驪는 검은 색이
다."라고 했다.

【集解】 徐廣曰 溫 一作盜 駰案 郭璞云 爲馬細頸 驪 黑色

【색은】 溫의 발음은 '도盜'이다. 서광도 '도盜'라고 했다. 추탄생鄒誕生
은 본래 '조駣'인데 '도陶'라고 발음한다고 했다. 유백장의 《음의音義》에
는 "도려盜驪는 과려騧驪이다. 과는 옅은 황색이다."라고 했다. 팔준八

駿(팔준마)은 그 색 때문에 지은 이름인데, 과려騧驪로 뜻을 얻었다고 할
수 있다.

【索隱】 溫音盜 徐廣亦作盜 鄒誕生本作駣 音陶 劉氏音義云 盜驪 騧驪也
騧 淺黃色 八駿既因色爲名 騧驪爲得之也

신주 온溫의 발음이 '도盜'나 '조駣'라는 것은 역대 자전에서는 찾을
수 없는 내용이다.

④ 驊駵화류

집해 곽박郭璞은 "색이 화려하고 붉은 것이다. 지금 명마는 표적驃赤
(황부루, 누런 바탕에 흰빛 섞인 말)으로 조류棗駵를 삼는다. 류駵는 붉은 말
이다."라고 했다.

【集解】 郭璞曰色如華而赤 今名馬驃赤者爲棗駵 駵 馬赤也

신주 표驃는 누런 바탕에 흰빛이 섞인 황부루를 뜻하고, 류駵는 털
빛이 붉고 갈기가 검은 월따말을 뜻한다.

⑤ 騄耳之駙녹이지사

집해 곽박은 《기년紀年》에 이르기를 '북당北唐의 군주가 와서 한 마
리의 여마驪馬를 보여 주며 이것이 녹이騄耳를 낳는다.'라고 했다. 팔준
마는 모두 그 털 색깔을 따라 명호를 삼는다."라고 했다. 배인이 조사해

보니《목천자전穆天子傳》에 "목왕穆王이 팔준마를 탔다고 했는데 이 기록에는 갖추어 있지 않다."라고 했다.

【集解】 郭璞曰 紀年云 北唐之君來見以一驪馬 是生騄耳 八駿皆因其毛色以爲名號 駰案 穆天子傳穆王有八駿之乘 此紀不具者也

색은 조사해보니《목왕전穆王傳》에는 "적기赤驥, 도려盜驪, 백의白義, 거황渠黃, 화류驊騮, 유약騟輪, 녹이騄耳, 산자山子이다."라고 했다.

【索隱】 按 穆王傳曰 赤驥 盜驪 白義 渠黃 驊騮 騟輪 騄耳 山子

정의 騄은 '록錄'으로 발음한다.

【正義】 騄音錄

신주 팔준마八駿馬는 역사상 유명한 여덟 마리 말을 뜻하는데, 이《목왕전》에 나오는 여덟 마리 말을 일컫는 것이다. 당 태종이 탔다는 팔준마도 여기에서 본 뜬 것이다. 사駟는 네 마리의 말이 끄는 수레를 뜻한다.

⑥ 西巡狩樂而忘歸서순수낙이망귀

집해 곽박은《기년紀年》에 이르기를 목왕穆王 17년 서쪽으로 곤륜구崑崙丘를 정벌하고 서왕모西王母를 만나 보았다."라고 했다.

【集解】 郭璞曰 紀年云穆王十七年 西征於崑崙丘 見西王母

정의 《괄지지》에서 말한다. "곤륜산은 숙주肅州 주천현酒泉縣 남쪽 80리에 있다."라고 했다. 《십육국춘추十六國春秋》에는 전량前涼의 장준張駿이 주천酒泉 태수 마급馬岌에게 말을 올리며 주천의 남산이 곧 곤륜구崑崙丘라고 했는데, 주목왕周穆王이 서왕모西王母를 만나자 즐거워서 돌아갈 것을 잊었다는 곳이 곧 이 산을 이른 것이다. 석실石室에는 왕모당王母堂이 있고 구슬과 조각으로 장식되어 빛나는 것이 신궁神宮과 같았다고 했다." 조사해보니 숙주肅州는 수도에서 서북쪽으로 2,960리에 있는데 곧 소곤륜小崑崙이라고 한다. 하수의 근원이 나오는 곳은 아니다.

【正義】 括地志云 崑崙山在肅州酒泉縣南八十里 十六國春秋云前涼張駿 酒泉守馬岌上言 酒泉南山卽崑崙之丘也 周穆王見西王母 樂而忘歸 卽謂 此山 有石室王母堂 珠璣鏤飾 煥若神宮 按 肅州在京西北二千九百六十里 卽小崑崙也 非河源出處者

서언왕徐偃王이 난을 일으키자[1] 조보造父가 목왕의 수레를 몰았는데 먼길을 쉬지 않고 몰아 주周로 돌아왔으니 하루에 천 리를 달려서 난을 구원했다.[2] 목왕이 조보造父를[3] 조성趙城에 봉했다. 조보의 종족이 이로 말미암아 조씨趙氏 성이 되었다.

徐偃王作亂[1] 造父爲繆王御 長驅歸周 一日千里以救亂[2] 繆王以趙城封造父[3] 造父族由此爲趙氏

① 徐偃王作亂서언왕작란

〈지리지〉에는 "임회臨淮에 서현徐縣이 있는데 옛날 서국徐國이다."라고 일렀다. 《시자尸子》에는 "서언왕徐偃王은 근육은 있지만 뼈가 없었다."라고 했다. 나 배인은 언偃(쓰러지다)이란 호칭은 이 때문에 생긴 것이라고 생각한다.

【集解】 地理志曰臨淮有徐縣 云故徐國 尸子曰 徐偃王有筋而無骨 駏謂號偃由此

《괄지지》에 "대서성大徐城은 사주泗州 서성현徐城縣 북쪽 30리에 있는데 옛날 서국徐國이다."라고 했다. 《박물지博物志》에는 "서군徐君의 궁인宮人이 임신을 해서 알을 낳자 상서롭지 못하다고 여겨서 빈주濱洲-물가에 버렸다. 자식 없는 어미에게 곡창鵠蒼이라는 개가 있었는데 버린 알을 물고 돌아와 덮어서 따뜻하게 했더니 어린아이가 나왔다. 날 때부터 똑바로 세워 놓으면 쓰러져서 언偃으로 이름지었다. 궁인이 듣고 다시 데려다 길렀다. 자라자 서군徐君의 자리를 물려받았다. 뒤에 곡창은 죽음에 임하자 뿔이 나고 9개의 꼬리가 생기더니 황룡黃龍으로 변했다. 곡창鵠蒼을 어떤 이는 후창后蒼이라고 부른다."라고 했다. 《괄지지》에 또 이르기를 "서성徐城은 월주越州 무현鄮縣에서 동남쪽 바다로 들어가서 200리에 있다." 《하후지夏侯志》에 이르기를 "옹주翁洲 위에 서언왕성徐偃王城이 있다." 전傳에 이르기를 "옛날 주 목왕周穆王이 순수할 때 제후들이 함께 언왕偃王을 추대했다는 소문을 듣고 조보造父를 시켜 수레를 몰게 하고 요뇨騕裛의 말을 타고 하루에 천 리를 돌아와 토벌했다. 어떤 이는 이르기를 초왕楚王에게 군사를 거느리고 정벌하라고 명하니 이에 언왕偃王이 이곳에 성을 세운 뒤 죽었다."라고 했다.

【正義】 括地志云 大徐城在泗州徐城縣北三十里 古徐國也 博物志云徐君宮人有娠而生卵 以爲不祥 奔於水濱洲 孤獨母有犬鵠蒼 銜所弃卵以歸 覆煖之 乃成小兒 生時正偃 故以爲名 宮人聞之 更取養之 及長 襲爲徐君 後鵠蒼臨死 生角而九尾 化爲黃龍也 鵠蒼或名后蒼 括地志又云 徐城在越州鄞縣東南入海二百里 夏侯志云翁洲上有徐偃王城 傳云昔周穆王巡狩 諸侯共尊偃王 穆王聞之 令造父御 乘騕褭之馬 日行千里 自還討之 或云命楚王帥師伐之 偃王乃於此處立城以終

신주 　서언왕徐偃王은 영성嬴姓으로 서씨徐氏이고, 이름이 언偃, 자字가 자유子孺로서 서국徐國의 32대 군주이다. 서국은 동이족 국가인데 서언왕은 현 강소성江蘇省 휴영睢寧현 고비진古邳鎭에 있던 하비下邳에 도읍하고 회수淮水와 사수泗水 일대를 통치했다. 주목왕穆王 말년에 서언왕은 뛰어난 정치력과 인덕으로 36개 나라의 조공을 받았다. 서언왕이 '난을 일으켰다[作亂]'는 것은 〈오제본기〉에서 치우蚩尤가 '난을 일으켰다'는 서술처럼 동이 임금이 중원 왕조를 쳤을 때 쓰는 중화사관식 표현이다. 서언왕은 서徐나라 왕으로 성이 언偃인데, 제요 아들이며 신하였던 고요皐陶의 후손이므로 성이 언이 된 것이다. 서언왕에 대해《후한서後漢書》〈동이열전〉은 이렇게 말하고 있다.

"그 후 서이徐夷가 참람하게 왕을 칭하며 구이九夷를 거느리고 종주宗周(주나라)를 쳐서 황하 상류까지 이르렀다. 목왕이 그 세력이 널리 떨칠 것을 두려워하여 동방 제후들을 분리시켜 서언왕에게 명하여 다스리게 했다. 언왕은 황지 동쪽에 살았는데 땅이 오백리였으며 인의를 행하니 육로로 조공하는 나라가 서른여섯 나라나 되었다. 주목왕이 뒤에 적기赤驥·녹이騄耳등의 말을 얻어 조보造父에게 그 말을 몰고 초楚나라에 알려 서나라를 치게 했는데 하루 만에 초에 도착했다. 이에 초문왕文王이 큰 군사를 일으켜 서나라를 멸망시켰다. 언왕이 어질기만 하고 권도權道를 사용하지 않아서 차마 백성을 데리고 싸우지 못해 패하기에 이르렀다. 북쪽 팽성彭城(현 강소성 서주) 무원현武原縣 동산 아래로 달아나니 따라간 백성이 만여 명이나 되었는데 이로 말미암아 그 산 이름을 서산徐山이라 하였다."

그런데 주목왕의 요청에 의해 초문왕이 서국을 멸망시켰다는 이 기록은 연대가 맞지 않는다. 주목왕은 서기전 1001~서기전 946년의 인물이고, 초문왕은 서기전 689~서기전 677년의 인물이라서 300년 정도의 차이가 난다.

그런데 진晉의 장화張華가 편찬한 《박물지》〈이문異聞〉 편에는 서언왕의 출생이 난생사화임을 말해주고 있다.

"《서언왕지徐偃王志》에서 말하기를 서국徐國 임금의 궁인이 임신해서 알을 낳았는데, 상서롭지 못하다고 여겨서 강가에 버렸다. 홀어미에게 개가 있는데 이름이 곡창이었고, 강가에서 사냥하다가 버려진 알을 얻어 입으로 물고 동쪽으로 돌아왔다. 홀어미는 이상하게 여겨 엎어서 따뜻하게 해주었더니 마침내 알을 깨고 아이가 나왔다. 태어날 때 머리를 쳐들고 누웠으므로[正偃], 이로써 이름을 삼았다[徐偃王志, 徐君宮人有娠而生卵, 以爲不祥, 弃之水濱。獨孤母有犬名鵠蒼, 獵于水濱, 得所弃卵, 銜以東歸, 獨孤母以爲異, 覆暖之, 遂孵成兒, 生時正偃, 故以爲名…]"

② 長驅歸周一日千里以救亂장구귀주일일천리이구란

정의 《고사고古史考》에는 "서언왕徐偃王은 초문왕楚文王과 동시대로서 주목왕周穆王과 시대가 멀다. 또 왕자王者가 행차할 때는 주위의 호위가 있는데 어찌 난을 구제하려 홀로 오래도록 말을 몰아 하루에 천리를 갔겠는가?"라고 했다. 아울러 말하면 이 일은 진실이 아니다. 조사해보니 〈연표〉에 목왕 원년과 초문왕楚文王은 318년 떨어져 있다.

【正義】 古史考云 徐偃王與楚文王同時 去周穆王遠矣 且王者行有周衛 豈得救亂而獨長驅日行千里乎 並言此事非實 按 年表穆王元年去楚文王元年三百一十八年矣

③ 趙城封造父조성봉조보

집해 서광은 "조성趙城은 하동河東 영안현永安縣에 있다."라고 했다.

【集解】 徐廣曰 趙城在河東永安縣

정의 《괄지지》에 "조성趙城은 지금의 진주晉州 조성현趙城縣이다. 본래 체현彘縣 땅인데 뒤에 고쳐서 영안永安이라고 했는데 곧 조보造父의 읍이다."라고 했다.

【正義】 括地志云 趙城 今晉州趙城縣是 本彘縣地 後改曰永安 卽造父之邑也

비렴이 계승을 낳은 이레 5대를 내려가 조보造父에 이르러 따로 조성趙城에서 살았다. 조사趙衰(진晉나라 대부)가 그의 후예이다. 악래혁惡來革은 비렴 아들인데 일찍 죽었다. 그의 아들이 있었는데 여방女防이라고 했다. 여방은 방고旁皋를 낳았고, 방고는 태궤太几를 낳았고, 태궤는 대락大駱을 낳았고, 대락은 비자非子를 낳았다. 이들은 조보의 총애로 인해 모두 조성 趙城에서 사는 은혜를 입고 조씨 성을 가졌다.

自蜚廉生季勝已下五世至造父 別居趙 趙衰其後也 惡來革者 蜚廉子也 蚤死 有子曰女防 女防生旁皋 旁皋生太几 太几生大駱 大駱生非子 以造父之寵 皆蒙趙城 姓趙氏

비자非子는 견구犬丘에① 살면서 말과 가축을 좋아해서 잘 기르며 번식시켰다. 견구犬丘 사람들이 주효왕周孝王에게 이러한 사실을 말했다. 효왕이 비자를 불러서 견수汧水와 위수渭水 사이에서② 말의 사육을 주관하게 했는데 말을 크게 번식시켰다. 이에 효왕은 비자를 대락大駱의 계승자로 삼고자 했다. 이때 신후申侯의 딸이 대락 아내가 되어 아들 성成을 낳아 적통嫡統으로 삼았다.

非子居犬丘① 好馬及畜 善養息之 犬丘人言之周孝王 孝王召使主馬于汧渭之閒② 馬大蕃息 孝王欲以爲大駱適嗣 申侯之女爲大駱妻 生子成爲適

① 犬丘견구

집해 서광은 "지금의 괴리槐里이다."라고 했다.

【集解】 徐廣曰 今槐里也

정의 《괄지지》에 "견구犬丘는 고성으로서 일명 괴리槐里라고 하는데 또한 폐구廢丘라고도 하며 옹주雍州 시평현始平縣 동남쪽 10리에 있다."라고 했다. 〈지리지〉에는 "부풍扶風 괴리현槐里縣이라고 했는데 주나라에서는 견구犬丘라고 했으며 의왕懿王이 도읍했는데 진秦나라에서 폐구廢丘라고 바꾸어 이름 지었으며 한漢나라 고조高祖 3년에 괴리槐里로 이름을 바꾸었다."라고 했다.

【正義】 括地志云 犬丘故城一名槐里 亦曰廢丘 在雍州始平縣東南十里 地理志云扶風槐里縣 周曰犬丘 懿王都之 秦更名廢丘 高祖三年更名槐里也

② 汧渭之間견위지간

정의 汧은 '견牽'으로 발음한다. 견수와 위수渭水 사이 농주隴州의 동쪽에 있다고 말한 것이다.

【正義】 汧音牽 言於二水之間 在隴州以東

신후申侯가 효왕에게 일러 말했다.

"옛날 우리 선조께서는 여산驪山씨 딸에게 장가를 들어① 낳은 딸이 융서헌戎胥軒의② 아내가 되어 중휼中潏을 낳았는데 친척인 연고로 주나라에 귀의해 서쪽의 변방을 지키자 서쪽 변방이 이 때문에 화목해졌습니다. 지금 제가 다시 대락에게 아내를 주어 적자인 성成을 낳았습니다. 신씨와 대락이 겹사돈이 되자 서융西戎들이 모두 복종했기에 왕이 되실 수 있었습니다.③ 왕께서는 헤아려 보십시오."

申侯乃言孝王曰 昔我先驪山之女① 爲戎胥軒② 妻 生中潏 以親故歸周 保西垂 西垂以其故和睦 今我復與大駱妻 生適子成 申駱重婚 西戎皆服 所以爲王③ 王其圖之

① 我先酈山之女아선려산지녀

정의　신후申侯의 선조는 여산酈山에 장가들었다.

【正義】　申侯之先 娶於酈山

② 戎胥軒융서헌

정의　서헌胥軒은 중연仲衍의 증손이다.

【正義】　胥軒 仲衍曾孫也

③ 申駱重婚西戎皆服所以爲王신락중혼서융개복소이위왕

정의　重은 발음은 '종[直龍反]'이다. 신후와 대락이 거듭 혼인하자 서
융西戎이 모두 따랐기에 왕王이 될 수 있었다고 말한 것이다. 왕王은 곧
효왕孝王이다.

【正義】　重 直龍反 言申駱重婚 西戎皆從 所以得爲王 王卽孝王

이에 효왕이 말했다.

"옛날 백예伯翳가 순임금을 위해 가축을 길러서 번식을 많이 시켰소. 그래서 토지를 갖게 되었고 영씨嬴氏 성을 하사받았소. 지금 그 후손들이 또한 나를 위해 말을 번식시켜 나는 그들에게 토지를 나누어주고 부용국附庸國으로 삼으려고 하오."

그리고 진秦 땅을 봉읍으로 주고① 다시 영씨嬴氏들의 제사를 잇게 하고 진영秦嬴이라고 부르게 했다. 또한 신후申侯 딸이 낳은 아들도 폐하지 않고 대락의 적자로 삼아서 서융西戎과도 화평하게 했다.

於是孝王曰 昔伯翳爲舜主畜 畜多息 故有土 賜姓嬴 今其後世亦爲朕息馬 朕其分土爲附庸 邑之秦① 使復續嬴氏祀 號曰秦嬴 亦不廢申侯之女子爲駱適者 以和西戎

① 邑之秦읍지진

집해 서광은 "지금의 천수군天水郡 농서현隴西縣 진정秦亭이다."라고 했다.

【集解】 徐廣曰 今天水隴西縣秦亭也

정의 《괄지지》에 "진주秦州 청수현淸水縣의 본명이 진秦이고 영성嬴姓의 읍이다."라고 했다. 《십삼주지十三州志》에는 진정秦亭, 진곡秦谷이 이곳이다. 주태사周太史 담儋이 이르기를 "처음에는 주周나라가 진국秦國과 합했다가 갈라졌다. 그래서 천자天子가 진秦에 도읍邑을 했다."라고 했다.

【正義】 括地志云 秦州清水縣本名秦 嬴姓邑 十三州志云秦亭 秦谷是也 周太史儋云 始周與秦國合而別 故天子邑之秦

진영秦嬴이 진후秦侯를 낳았다. 진후가 제후가 된 지 10년 만에 죽었다. 진후는 공백公伯을 낳았다. 공백은 제후가 된 지 3년 만에 죽었다. 공백은 진중秦仲을 낳았다.

秦嬴生秦侯 秦侯立十年 卒 生公伯 公伯立三年 卒 生秦仲

서수대부西垂大夫 로 삼다

진중秦仲이 자리에 오른 지 3년, 주周나라 여왕厲王이 무도해서 제후 중에 간혹 배반하는 자가 있었다. 서융西戎도 주 왕실을 배반하고 견구犬丘와 대락大駱의 종족을 멸망시켰다. 주선왕周宣王이 즉위해서[1] 진중秦仲을 대부大夫로 삼고 서융을 주벌하게 했다. 서융이 진중을 살해했으니 진중이 아버지 뒤를 이은 지 23년 만에 융戎에서 죽은 것이다.[2] 그에게는 5명의 아들이 있었는데, 그 장자를 장공莊公이라고 했다. 주선왕이 장공 형제 5명을 불러 군사 7,000여 명을 주고 서융을 공격하게 하여 그들을 격파했다. 이에 주선왕이 진중의 후손들에게 상을 주고 그들의 선조인 대락의 땅 견구犬丘까지 아울러 소유케 하고 서수대부西垂大夫로 삼았다.[3]

秦仲立三年 周厲王無道 諸侯或叛之 西戎反王室 滅犬丘大駱之族
周宣王卽位^① 乃以秦仲爲大夫 誅西戎 西戎殺秦仲 秦仲立二十三年
死於戎^② 有子五人 其長者曰莊公 周宣王乃召莊公昆弟五人 與兵
七千人 使伐西戎 破之 於是復予秦仲後 及其先大駱地犬丘幷有之
爲西垂大夫^③

① 周宣王卽位주선왕즉위

집해 서광은 "진중秦仲의 18년이다."라고 했다.

【集解】 徐廣曰 秦仲之十八年也

② 死於戎사어융

집해 《모시서毛詩序》에 "진중秦仲이 커지기 시작해 거마와 예악과
시어侍御의 좋은 것들을 가졌다."라고 했다.

【集解】 毛詩序曰 秦仲始大 有車馬禮樂侍御之好也

③ 西垂大夫서수대부

정의 《수경주水經注》에는 "진장공秦莊公이 서융西戎을 정벌해서 격
파하자 주선왕이 대락大駱과 견구犬丘 땅을 주어서 서수대부西垂大夫로

삼았다."라고 했다. 《괄지지》에 "진주秦州 상규현上邽縣 서남쪽 90리의
한漢나라 농서隴西 서현西縣이 이곳이다."라고 했다.

【正義】 注水經云 秦莊公伐西戎 破之 周宣王與大駱犬丘之地 爲西垂大夫
括地志云 秦州上邽縣西南九十里 漢隴西西縣是也

장공은 그들의 옛 땅인 서견구西犬丘에 거처하며 3명의 아들을
낳았는데 그 장남이 세보世父였다. 세보가 말했다.

"융戎에서 우리의 조부 진중秦仲을 살해했는데 내가 융왕을 죽
이지 못한다면 감히 읍으로 들어가지 않겠다."

마침내 융戎을 공격하고자 아우인 양공襄公에게 양위讓位하니
양공襄公이 태자가 되었다. 장공이 제후 자리에 오른 지 44년에
죽고 태자인 양공이 자리를 계승했다. 양공 원년 양공의 여동생
목영繆嬴을 풍왕豊王의 아내로 삼아 주었다. 양공 2년① 융이 견
구犬丘를 포위하자 세보가 공격하다가 융인戎人의 포로가 되었
다. 한 해 남짓 되어 다시 세보를 돌려보냈다.

莊公居其故西犬丘 生子三人 其長男世父 世父曰 戎殺我大父仲 我
非殺戎王則不敢入邑 逐將擊戎 讓其弟襄公 襄公爲太子 莊公立
四十四年 卒 太子襄公代立 襄公元年 以女弟繆嬴爲豊王妻 襄公二
年① 戎圍犬丘 (世父)世父擊之 爲戎人所虜 歲餘 復歸世父

① 繆嬴爲豐王妻襄公二年목영위풍왕처양공이년

정의 《괄지지》에 "옛 견성汧城은 농주隴州 견원현汧源縣 동남쪽 3리에 있다."라고 했다. 《제왕세기》에는 "진양공秦襄公 2년에 견汧으로 도읍을 옮겼는데 곧 이 성이다."라고 했다.
【正義】 括地志云 故汧城在隴州汧源縣東南三里 帝王世紀云秦襄公二年 徙都汧 卽此城

7년 봄 주유왕周幽王이 포사褒姒를 왕비로 삼으면서 태자를 폐위하고 포사의 아들을 적자로 삼았으며 자주 제후들을 속이자 제후들이 반역을 했다. 서융西戎·견융犬戎이 신후申侯와 함께 주周나라를 정벌해 유왕을 역산酈山 아래에서 죽였다. 그러자 진양공秦襄公이 군사를 거느리고 주나라를 구하고자 힘껏 싸워 큰 공을 세웠다. 주나라는 견융犬戎의 난을 피해 동쪽 낙읍雒邑으로① 수도를 옮겼다. 양공이 군사를 이끌고 주평왕周平王을 전송했다. 평왕이 양공을 봉해 제후로 삼고 기산岐山 서쪽 땅을 하사했다.

七年春 周幽王用褒姒廢太子 立褒姒子爲適 數欺諸侯 諸侯叛之 西戎犬戎與申侯伐周 殺幽王酈山下 而秦襄公將兵救周 戰甚力 有功 周避犬戎難 東徙雒邑① 襄公以兵送周平王 平王封襄公爲諸侯 賜之 岐以西之地

① 雒邑낙읍

주평왕周平王이 왕성王城을 옮겨서 거처했는데, 곧 〈낙고雒誥〉
에 이르기를 "내가 점을 치니 간수澗水 동쪽과 전수瀍水 서쪽이 나왔
다."라고 한 곳이 여기이다.
【正義】 周平王徙居王城 卽雒誥云 我卜澗水東 瀍水西者也

땅을 하사하면서 말했다.
"융戎이 무도無道해 나의 기산岐山과 풍읍豊邑 땅을 침탈했으나
진秦이 융을 공격해서 물리칠 수 있었으니 곧 그 땅을 갖게 되
었다."
이에 양공과 함께 맹세하고 작위를 봉했다. 양공襄公이 이에 비
로소 국가를 두어 다른 제후들과 사신을 오가게 하고 빙례와 향
례의 예를 함께하고① 이에 유구駠駒(검은 갈기 붉은 말)와② 황우黃
牛와 숫양을 각각 세 마리씩 사용해 서치西時에서③ 상제上帝께
제사를 올렸다. 12년 양공이 융戎을 정벌하다가 기산岐山에 이
르러 죽었다. 양공은 문공文公을 낳았다.
曰 戎無道 侵奪我岐 豊之地 秦能攻逐戎 卽有其地 與誓 封爵之 襄
公於是始國 與諸侯通使聘享之禮① 乃用駠駒② 黃牛 羝羊各三 祠上
帝西時③ 十二年 伐戎而至岐 卒 生文公

① 聘享之禮빙향지례

신주 빙례聘禮는 제후 상호 간의 방문이고, 향례享禮는 제후가 천자를 방문해 예물을 바치는 것이다.

② 騮駒유구

집해 서광은 "검은 갈기를 가진 붉은 말을 유騮라고 한다."라고 했다.
【集解】 徐廣曰 赤馬黑髦曰騮

③ 西畤서치

집해 서광은 "〈연표〉에 이르기를 서치西畤를 세워 백제白帝에게 제사하다."라고 했다.
【集解】 徐廣曰 年表云立西畤 祠白帝

색은 양공襄公이 처음으로 제후의 반열에 들어 스스로 서치西畤에 살았는데 서치는 현 이름이다. 그래서 서치西畤를 만들어 백제白帝에게 제사했다. 치畤는 머무는 것止인데 신령이 의지해 머무는 곳을 말한 것이다. 또한 발음은 '치市(시)'인데 제단을 만들어서 하늘에 제사하는 것을 이른다.
【索隱】 襄公始列爲諸侯 自以居西(畤) 西(畤) 縣名 故作西畤 祠白帝 畤 止也 言神靈之所依止也 亦音市 謂爲壇以祭天也

문공 원년, 문공이 서수궁西垂宮에서[1] 거처했다. 3년 문공이 군사 700여 명을 거느리고 동쪽에서 사냥을 했다. 4년 견수汧水와 위수渭水가 만나는 곳에 이르렀다. 이곳에서 말했다.

"옛날 주나라에서 이곳에 우리의 선조인 진영秦嬴을 읍邑으로 삼은 후에 마침내 제후 자리를 얻게 되었다."

이에 살만한 곳인지 점을 쳤는데 점괘에 '길하다'라고 하여[2] 즉시 읍邑을 경영했다. 10년 처음으로 부치鄜畤를[3] 만들고 삼뢰三牢를 사용했다.

文公元年 居西垂宮[1] 三年 文公以兵七百人東獵 四年 至汧渭之會 曰 昔周邑我先秦嬴於此 後卒獲爲諸侯 乃卜居之 占曰吉[2] 卽營邑之 十年 初爲鄜畤[3] 用三牢

① 西垂宮서수궁

정의 곧 위의 서현西縣-서치이 이곳이다.
【正義】 卽上西縣 是也

② 占曰吉점왈길

집해 《괄지지》에 "미현郿縣의 고성은 기주岐州 미현郿縣의 동북쪽 15리에 있다. 모장毛萇은 미郿는 지명이다. 진문공秦文公이 사냥을 하다가 견수와 위수 사이에서 살만한 곳을 점치고 이에 읍을 경영했다는 곳이 이 성城이다."라고 했다.

【正義】 括地志云 郿縣故城在岐州郿縣東北十五里 毛萇云郿 地名也 秦文公東獵汧渭之會 卜居之 乃營邑焉 卽此城也

③ 鄜畤부치

집해 서광은 "부현鄜縣은 풍익馮翊에 속한다."라고 했다.
【集解】 徐廣曰 鄜縣屬馮翊

색은 鄜는 '부敷'로 발음한다. 부鄜는 현 이름이다. 부鄜 땅에 치畤 (제사 터)를 만들었으므로 부치鄜畤라고 했다. 그러므로 〈봉선서封禪書〉에는 "진문공秦文公이 꿈에 누런 뱀黃蛇이 하늘에서부터 땅에 이르렀는데 그 입이 부연鄜衍에 멈추었다."라고 했다. 사돈史敦이 신神으로 여겨서 치畤를 세웠다.
【索隱】 音敷 亦縣名 於鄜地作畤 曰鄜畤 故封禪書曰 秦文公夢黃蛇自天下屬地 其口止於鄜衍 史敦以爲神 故立畤也

정의 《괄지지》에 "삼치원三畤原은 기주岐州 옹현雍縣 남쪽 20리에 있다. 〈봉선서封禪書〉에는 진문공秦文公이 부치를 만들고 양공襄公이 서치西畤를 만들고 영공靈公이 오양상치吳陽上畤를 만들었는데 모두 이 삼치원 위에 있었으므로 이름을 지었다."라고 했다.
【正義】 括地志云 三畤原在岐州雍縣南二十里 封禪書云秦文公作鄜畤 襄公作西畤 靈公作吳陽上畤 並此原上 因名也

13년 치옴으로 시관史官을 두어 국사를 기록하게 했고 백성을 많이 교화시켰다. 16년 문공文公이 군사를 이끌고 융戎을 정벌하자 융이 패하여 달아났다. 이에 문공이 마침내 주나라의 남은 백성을 가지게 되었고 영토가 기산岐山까지 이르자 기산 동쪽을 주나라에 바쳤다. 19년 진보陳寶를[1] 얻었다. 20년 법에 처음으로 삼족을 멸한다는 규칙을 정했다.[2] 27년 남산南山의 큰 가래나무를 베자 그 속에서 큰 소가 나와 풍수豊水로 달아나 들어갔다.[3]

十三年 初有史以紀事 民多化者 十六年 文公以兵伐戎 戎敗走 於是 文公遂收周餘民有之 地至岐 岐以東獻之周 十九年 得陳寶[1] 二十 年 法初有三族之罪[2] 二十七年 伐南山大梓 豊大特[3]

① 陳寶진보

색은 조사해보니 《한서漢書》〈교사지郊祀志〉에는 "문공이 약석若石을 얻었다고 이르고 이에 진창陳倉 북판성北阪城에 제사를 지내자 그 신神이 왔는데 수꿩과 같았으며 그 소리가 은은殷殷했다고 일렀다. 들닭이 밤에 울자 일뢰一牢(희생)로써 제사를 지내고 진보陳寶라고 불렀다."라고 했다. 또 신찬臣瓚이 이르기를 "진창현陳倉縣에는 보부인사寶夫人祠가 있는데 해마다 섭군葉君 신과 함께 모여 이곳에 제사한다."라고 했다. 소림蘇林은 "재질은 돌과 같은데 간肝과 같았다."라고 했다. 운云은 어사語辭이다.

【索隱】 按 漢書郊祀志云 文公獲若石云 於陳倉北阪城祠之 其神來 若雄
雉 其聲殷殷云 野雞夜鳴 以一牢祠之 號曰陳寶 又臣瓚云 陳倉縣有寶夫人
祠 歲與葉君神會 祭于此者也 蘇林云 質如石 似肝 云 語辭

정의 《괄지지》에 "보계신사寶雞神祠는 기주岐州 진창현陳倉縣 동쪽
20리 옛 진창성陳倉城 안에 있다."라고 했다. 《진태강지리지晉太康地理
志》에는 "진문공秦文公 때 진창陳倉 사람이 사냥을 해서 짐승을 얻었는
데 돼지와 같았으나 이름을 알지 못해 끌고 와서 바쳤다. 길에서 두 사
람의 동자童子를 만났는데 동자가 말하기를 '이것의 이름은 위媦인데
항상 땅 속에 있으면서 죽은 사람의 뇌를 먹는다.'라고 했다. 곧 죽이려
고 그 머리를 쳤다. 위媦가 또한 말하기를 '두 동자의 이름은 진보陳寶
이고 수컷을 얻으면 왕이 되고 암컷을 얻으면 패자霸者가 된다.'라고 했
다. 진창 사람이 드디어 두 동자를 쫓아가니 두 동자가 변해서 꿩이 되
었는데 암컷은 진창 북판北阪으로 올라서 돌이 되니 진秦나라에서 제
사를 지냈다."라고 했다. 《수신기搜神記》에는 "그 수컷은 날아서 남양南
陽에 이르렀는데 그 뒤에 한漢나라의 광무제가 남양에서 일어났으니 모
두가 그의 말과 같았다."라고 했다.

【正義】 括地志云 寶雞(神)[祠]在岐州陳倉縣東二十里故陳倉城中 晉太康
地志云 秦文公時 陳倉人獵得獸 若彘 不知名 牽以獻之 逢二童子 童子曰 此
名爲媦 常在地中 食死人腦 卽欲殺之 拍捶其首 媦亦語曰 二童子名陳寶 得
雄者王 得雌者霸 陳倉人乃逐二童子 化爲雉 雌上陳倉北阪 爲石 秦祠之 搜
神記云其雄者飛至南陽 其後光武起於南陽 皆如其言也

② 三族之罪삼족지죄

집해　장안張晏은 "부모, 형제, 처자妻子이다"라고 했다. 여순如淳은 "부족父族, 모족母族, 처족妻族이다."라고 했다.

【集解】 張晏曰 父母 兄弟 妻子也 如淳曰 父族 母族 妻族也

③ 大梓豊大特대재풍대특

집해　서광은 "지금 무도武都의 옛 길에 있는 노특사怒特祠에 대우大牛가 그려져 있는데, 위로 나무뿌리가 자라고 소가 나무 안에서 나왔다. 그래서 뒤에 풍수豊水 안에서 나타났다."라고 했다.

【集解】 徐廣曰 今武都故道有怒特祠 圖大牛 上生樹本 有牛從木中出 後見豊水之中

정의　《괄지지》에 "큰 가래나무는 기주岐州 진창현陳倉縣 남쪽 10리 창산倉山 위에 있다."라고 했다. 《녹이전錄異傳》에는 "진문공秦文公 때 옹남산雍南山에 큰 가래나무가 있었는데 진문공이 베라고 하자 갑자기 큰 비바람이 일면서 나무가 합해서 벨 수 없었다. 그 때 한 병든 사람이 있어 밤에 산 속을 지나가는데 귀신이 나무 신에게 말하는 소리가 들렸다. 귀신이 말하기를 '진秦나라에서 사람을 시켜 머리를 풀게 하고 붉은 실로 나무를 묶고 너를 베게 한다면 너는 곤궁하지 않겠는가?'라고 하자 나무의 신은 말이 없었다. 다음날 병든 사람이 들은 것을 말하니 문공이 그의 말과 같이 나무를 베자 베어졌는데 그 안에서 한 마리 푸른 소가 나와서 달려 풍수 속으로 들어갔다. 그 뒤에 소가 풍수 속에서 나오자 말 탄 자들이 공격했는데 이기지 못했다. 말 탄 자가 땅에 떨어졌다가 다시 올라타서 머리를 풀어 헤치면 소가 두려워서 들어가서는 나오지 않았으므로 머리 푼 사람의 머리를 걸어 두었다. 한漢나라, 위魏나라, 진晉나라에서도 계속되었다. 무도군에서 노특사怒特祠를 세웠으니 이것이 대자우신大梓牛神이다."라고 했다. 살펴보니 "속세에서는 푸른 소[靑牛]를 그려서 이를 막았다."라고 했다.

【正義】 括地志云 大梓樹在岐州陳倉縣南十里倉山上 錄異傳云 秦文公時 雍南山有大梓樹 文公伐之 輒有大風雨 樹生合不斷 時有一人病 夜往山中 聞有鬼語樹神曰 秦若使人被髮 以朱絲繞樹伐汝 汝得不困耶 樹神無言 明日 病人語聞 公如其言伐樹 斷 中有一青牛出 走入豐水中 其後牛出豐水中 使騎擊之 不勝 有騎墮地復上 髮解 牛畏之 入不出 故置髦頭 漢 魏 晉因之 武都郡立怒特祠 是大梓牛神也 按 今俗畫青牛障是

48년 문공의 태자가 죽자 시호를 내려 정공靜公이라고 했다.[1] 정공의 장자가 태자가 되었는데 이 사람은 문공의 손자이다. 50년 문공이 죽자 서산西山에[2] 장사를 치렀다. 정공 아들이 즉위했으니 이 사람이 영공寧公이다.[3]

四十八年 文公太子卒 賜謚爲靜公[1] 靜公之長子爲太子 是文公孫也 五十年 文公卒 葬西山[2] 靜公子立 是爲寧公[3]

① 靖公정공

서광은 "문공文公 44년은 노魯나라 은공隱公 원년이다."라고
했다.
【集解】 徐廣曰 文公之四十四年 魯隱之元年

서기전 718년이다.

② 西山서산

서광은 "황보밀은 서산에 장례를 치렀으니 지금의 농서 서현에
있다."라고 했다.
【集解】 徐廣曰 皇甫謐云葬於西山 在今隴西之西縣

③ 寧公영공

서광은 "다른 본에는 '만曼'으로 되어 있다."라고 했다.
【集解】 徐廣曰 一作曼

〈진시황본기〉와 〈연표〉에는 헌공憲公으로 되어있으며, 여기서
영공寧公이라 한것은 글자가 비슷해서 전사과정에 의한 착오다. 당연히
헌공憲公이 되어야 한다.

영공寧公 2년 영공이 평양平陽으로[①] 옮겨가 살았다. 군대를 보내서 탕사蕩社를[②] 정벌했다. 3년 박亳과 싸웠는데 박왕亳王이 융戎으로 달아나니 마침내 탕사蕩社를[③] 멸망시켰다. 4년 노魯나라 공자 휘翬가[④] 그의 군주인 은공隱公을 시해했다. 12년, 탕씨蕩氏를 정벌하고 땅을 빼앗았다.

寧公二年 公徙居平陽[①] 遣兵伐蕩社[②] 三年 與亳戰 亳王奔戎 逐滅蕩社[③] 四年 魯公子翬[④]弑其君隱公 十二年 伐蕩氏 取之

① 平陽평양

집해 서광은 "미郿의 평양정平陽亭이다."라고 했다.
【集解】 徐廣曰 郿之平陽亭

정의 《제왕세기》에 "진영공은 평양平陽에 도읍했다."라고 했다. 살펴보니 기산현岐山縣에 양평향陽平鄉이 있고 향의 안에 평양취平陽聚가 있다. 《괄지지》에 "평양 고성은 기주岐州 기산현岐山縣 서쪽 46리에 있고 진영공이 도읍을 옮긴 곳이다."라고 했다.
【正義】 帝王世紀云秦寧公都平陽 按 岐山縣有陽平鄉 鄉內有平陽聚 括地志云 平陽故城在岐州岐山縣西四十六里 秦寧公徙都之處

② 蕩社탕사

| 집해 | 서광은 "蕩은 '탕湯'으로 발음한다. 사社는 다른 본에는 '두杜'로 되어 있다."라고 했다.

【集解】 徐廣曰 蕩音湯 社 一作杜

| 색은 | 서융西戎의 군주 호칭을 '박왕亳王'이라고 하는데 대개 성탕成湯(은殷)의 자손들이다. 그들의 읍을 탕사蕩社라고 했다. 서광徐廣은 한 곳에는 '탕두湯杜'라고 했는데, 탕읍湯邑이 두현杜縣의 경내에 있어서 '탕두湯杜'라고 한 것이다."라고 했다.

【索隱】 西戎之君號曰亳王 蓋成湯之胤 其邑曰蕩社 徐廣云一作湯杜 言湯邑在杜縣之界 故曰湯杜也

| 정의 | 《괄지지》에 "옹주雍州 삼원현三原縣에 탕릉湯陵이 있다. 또 탕대湯臺도 있는데 시평현始平縣 서북쪽 8리에 있다."라고 했다. 조사해보니 그 나라는 대개 삼원三原 시평현 경계에 있었다.

【正義】 括地志云 雍州三原縣有湯陵 又有湯臺 在始平縣西北八里 按 其國蓋在三原始平之界矣

| 신주 | 《색은》에 서융이 은나라 성탕의 자손들이라고 했으니 서융이 동이족임을 알 수 있다. 바로 다음의 주에 박왕이 서이西夷라고 한 것을 보아도 서융이나 서이는 같은 호칭으로 원래 동이였음이 다시 확인된다.

③ 蕩社탕사

집해 황보밀은 "박왕亳王의 호가 탕湯인데 서이西夷의 나라이다."라
고 했다.

【集解】 皇甫謐云 亳王號湯 西夷之國也

④ 公子翬공자휘

정의 翬는 '휘暉'로 발음한다. 곧 우보羽父이다.

【正義】 音暉 卽羽父也

신주 노나라 공자 우보羽父가 노나라 군주 은공隱公을 살해했다.

영공은 대이난 지 10세에 즉위했다가 즉위한 지 12년 만에 죽어서 서산西山에[1] 장례를 치렀다. 아들 3명을 낳았는데 장남 무공武公이 태자가 되었다. 무공武公의 아우는 덕공德公인데 같은 어머니인 노희자魯姬子[2]가 출자出子를 낳았다. 영공이 죽자 대서장大庶長 불기弗忌와 위루威壘와 삼보三父가[3] 태자를 폐하고 출자를 세워 군주로 삼았다. 출자 6년 삼보三父 등이 다시 함께 인적人賊을 시켜 출자를 살해했다. 출자는 5세 때 즉위해 즉위한 지 6년 만에 죽었다. 삼보 등이 이에 다시 옛 태자 무공武公을 세웠다.

寧公生十歲立 立十二年卒 葬西山[1] 生子三人 長男武公爲太子 武公弟德公 同母魯姬子[2] 生出子 寧公卒 大庶長弗忌 威壘 三父[3]廢太子而立出子爲君 出子六年 三父等復共令人賊殺出子 出子生五歲 立 立六年卒 三父等乃復立故太子武公

① 西山서산

정의 《괄지지》에 "진영공秦寧公의 묘는 기주岐州 진창현陳倉縣 서북쪽 37리 진릉산秦陵山에 있다."라고 했다.《제왕세기》에는 "진영공秦寧公을 서산西山 대록大麓에 장사지냈다. 그러므로 진릉산秦陵山이라고 호칭했다."라고 했다. 조사해보니 문공文公도 서산西山에 장사지냈는데 대개 진릉산秦陵山일 것이다.

【正義】 括地志云 秦寧公墓在岐州陳倉縣西北三十七里秦陵山 帝王世紀

云秦寧公葬西山大麓 故號秦陵山也 按 文公亦葬西山 蓋秦陵山也

② 魯姬子노희자

정의 덕공德公의 어머니를 노희자魯姬子라고 칭했다.

【正義】 德公母號魯姬子

③ 弗忌威壨三父불기위루삼보

신주 불기弗忌 · 위루威壨 및 삼보三父는 모두 대서장의 이름이다.

진목공이 백리해를 등용해 강국이 되다

무공武公 원년에 팽희씨彭戲氏를[1] 정벌해 화산華山[2] 아래까지 이르러 평양平陽의 봉궁封宮에서[3] 거처했다. 3년 삼보三父 등을 처단하고 삼족을 멸망시켰는데 그들이 출자出子를 죽였기 때문이다. 정鄭나라 고거미高渠眜가 그의 군주인 소공昭公을 죽였다.[4] 10년 규邽와 기冀 땅의 융戎들을[5] 정벌하고 처음으로 현縣으로 삼았다. 11년 처음으로 두杜와 정鄭을[6] 현으로 삼았다. 소괵小虢을[7] 멸망시켰다.

武公元年 伐彭戲氏[1] 至于華山[2]下 居平陽封宮[3] 三年 誅三父等而夷三族 以其殺出子也 鄭高渠眜殺其君昭公[4] 十年 伐邽 冀戎[5] 初縣之 十一年 初縣杜 鄭[6] 滅小虢[7]

① 彭戲氏팽희씨

　　정의　戱의 발음은 '희[許宜反]'이다. 융戎의 호칭이다. 대개 동주同州
의 팽아彭衙 고성故城이 이곳이다.

【正義】　戱音許宜反 戎號也 蓋同州彭衙故城是也

② 華山화산

　　정의　곧 화악華嶽의 아래이다.

【正義】　卽華嶽之下也

③ 平陽封宮평양봉궁

　　정의　궁 이름이다. 기주岐州 평양성平陽城 안에 있다.

【正義】　宮名 在岐州平陽城內也

④ 鄭高渠眯殺其君昭公정고거미살기군소공

　　색은　《춘추》에 "노환공 17년의 일이다."라고 했고,《좌전》에는 '고거
미高渠彌'라고 했다.

【索隱】　春秋魯桓公十七年左傳作高渠彌也

⑤ 邦冀戎규기융

　　집해　〈지리지〉에 농서隴西에 상규현上邽縣이 있다. 응소는 "규邽는

융읍戎邑이다."라고 했다. 기현冀縣은 천수군天水郡에 소속되었다.

【集解】 地理志隴西有上邽縣 應劭曰 卽邽戎邑也 冀縣屬天水郡

⑥ 杜鄭두정

집해 〈지리지〉 경조京兆에 정현鄭縣과 두현杜縣이 있다.

【集解】 地理志京兆有鄭縣 杜縣也

정의 《괄지지》에 "하두下杜의 고성은 옹주雍州 장안현長安縣 동남쪽 9리에 있으며 옛날 두백국杜柏國이다. 화주華州 정현鄭縣이다. 《모시보 毛詩譜》에 '정국鄭國이란 주周 기내의 땅이다. 선왕宣王이 그의 아우를 함림咸林의 땅에 봉했는데 이 사람이 정환공鄭桓公이다.'라고 한다."라고 했다. 조사해보니 진秦나라에서 그곳을 모두 현으로 삼았다.

【正義】 括地志云 下杜故城在雍州長安縣東南九里 古杜伯國 華州鄭縣也 毛詩譜云鄭國者 周畿內之地 宣王封其弟於咸林之地 是爲鄭桓公 按 秦得 皆縣之

⑦ 小虢소괵

집해 반고班固는 서괵西虢은 옹주雍州에 있다고 했다.

【集解】 班固曰西虢在雍州

정의 虢은 '괙[古伯反]'으로 발음한다. 《괄지지》에 "옛 괵성虢城은 기주岐州 진창현陳倉縣 동쪽 40리에 있다. 다음으로 서쪽 10여 리에 또 성이 있는데 또한 이름이 괵성虢城이다.”라고 했다. 《여지지興地志》에 “이 괵虢은 주나라 문왕과 어머니가 같은 아우인 괵숙虢叔을 봉한 곳인데 이를 서괵西虢이다.”라고 했다. 조사해보니 이 괵虢이 멸망할 때 섬주陝州의 괵虢은 오히려 소괵小虢이라 일렀다. 또 소괵은 강羌의 별도 종족이라고 한다.

【正義】 虢音古伯反 括地志云 故虢城在岐州陳倉縣東四十里 次西十餘里 又有城 亦名虢城 輿地志云此虢文王母弟虢叔所封 是曰西虢 按 此虢滅時 陝州之虢猶謂之小虢 又云 小虢 羌之別種

13년 제齊나라 사람 관지보管至父와 연칭連稱 등이 그의 군주인 양공襄公을 살해하고 공손무지公孫無知를 세웠다. 진晉나라에서 곽霍과 위魏와 경耿나라를[1] 멸망시켰다. 제나라 옹름雍廩이[2] 공손무지와 관지보 등을 살해하고 제나라 환공桓公을 세웠다. 제나라와 진晉나라가 강국彊國이 되었다.

十三年 齊人管至父 連稱等殺其君襄公而立公孫無知 晉滅霍 魏 耿[1] 齊雍廩[2]殺無知 管至父等而立齊桓公 齊 晉爲彊國

---

① 霍魏耿곽위경

색은 《춘추》 노민공魯閔公 원년 조에 대해 《좌전左傳》에 이르기를

"진晉나라에서 경耿을 멸하고 위魏를 멸하고 곽霍을 멸했다."라고 했다. 이곳에 위魏를 말하지 않은 것은 사史에서 빠진 문장일 뿐이다. 또 《좌전》에는 "필만畢滿에게 위魏를 주었고 조숙趙夙에게 경耿을 주었다."라고 했다. 두예杜預의 주석에는 "평양平陽 피지皮氏현의 동남쪽에 경향耿鄉이 있고 영안현永安縣 동북쪽에는 곽태산霍太山이 있다. 세 나라는 모두 희성姬姓이다."라고 했다.

【索隱】 春秋魯閔公元年左傳云 晉滅耿 滅魏 滅霍 此不言魏 史闕文耳 又傳曰 賜畢萬魏 賜趙夙耿 杜預注曰 平陽皮氏縣東南有耿鄉 永安縣東北有霍太山 三國皆姬姓

정의 《괄지지》에 "곽霍은 진주晉州 곽읍현霍邑縣이고 또 춘추시대 곽霍은 백작의 국가였다."라고 했다. 위소韋昭는 "곽霍은 희성姬姓이다."라고 했다. 《괄지지》에 "옛 경성耿城의 지금 이름은 경창성耿倉城인데 강주絳州 용문현龍門縣 동남쪽 12리에 있다. 옛날 경국耿國이다."라고 했다. 《도성기都城記》에는 "경耿은 영씨嬴氏성의 나라이다."라고 했다.

【正義】 括地志云 霍 晉州霍邑縣 又春秋時霍伯國 韋昭云霍 姬姓也 括地志云 故耿城今名耿倉城 在絳州龍門縣東南十二里 故耿國也 都城記云耿 嬴姓國也

② 雍廩옹름

정의 雍은 '엉[於宮反]'으로 발음하고, 廩은 '림[力甚反]'으로 발음한다. 이는 옹림雍林읍의 사람 이름이다.

19년 진晉나라가 곡옥曲沃에서 처음으로 진후晉侯라고 했다.[①]
제나라 환공이 견鄄 땅에서 패자覇者가[②] 되었다.

20년 무공이 죽자 옹雍 땅의 평양에 장사를 지냈다. 이때 처음
으로 사람을 따라 죽게 하는 순장殉葬이 시행되었는데 순장한
자들이 66명이나 되었다. 무공에게는 아들이 하나 있었는데 이
름이 백白이다. 백은 제후로 즉위하지 못하고 평양平陽에 봉해졌
다.[③] 무공의 아우인 덕공德公이 즉위했다.

十九年 晉曲沃始爲晉侯[①] 齊桓公伯於鄄[②]

二十年 武公卒 葬雍平陽 初以人從死 從死者六十六人 有子一人 名
曰白 白不立 封平陽[③] 立其弟德公

① 晉曲沃始爲晉侯진곡옥시위진후

　[정의]　진목후晉穆侯의 막내아들 성사成師가 곡옥曲沃에 거처하며 곡
옥환숙曲沃桓叔이라고 호칭했는데 무공武公 때 이르러 진후晉侯 민緡을
멸하고 처음으로 진군晉君이 되었다는 뜻이다.

【索隱】　晉穆侯少子成師居曲沃 號曲沃桓叔 至武公稱滅晉侯緡 始爲晉君也

② 伯於鄄백어견

정의 　伯은 '패霸'로 발음한다.

【正義】 伯音霸

③ 封平陽봉평양

정의 　곧 옹雍 땅의 평양平陽이다. 평양은 그때 옹雍에 소속되어 아울러 기주岐州에 있었다. 해석이 위에 나와 있다.

【正義】 卽雍平陽也 平陽時屬雍 並在岐州 解在上也

> 덕공 원년 처음에는 옹성雍城의[1] 대정궁大鄭宮에서[2] 거처했다. 소·양·돼지의 희생인 삼백뢰三百牢로 부치鄜畤에 제사하게 했다. 옹성이 살만한 곳인지 점을 쳤다. 뒤의 자손들이 하수河水에서 말에게 물을 먹이게 될 것이라고 했다.[3]
>
> 德公元年 初居雍城[1]大鄭宮[2] 以犧三百牢祠鄜畤 卜居雍 後子孫飲馬於河[3]

① 雍城옹성

집해 　서광은 "지금의 현은 부풍扶風에 있다."라고 했다.

【集解】 徐廣曰 今縣在扶風

② 大鄭宮대정궁

정의 《괄지지》에 "기주岐州 옹현雍縣 남쪽 7리에 옛 옹성雍城이 있는데 진덕공秦德公의 대정궁성大鄭宮城이다."라고 했다.

【正義】 括地志云 岐州雍縣南七里故雍城 秦德公大鄭宮城也

③ 後子孫飮馬於河후자손음마어하

정의 점을 치니 옹雍에 거처한 뒤에는 국가가 더욱 광대해져서 후대의 자손이 동쪽을 얻어 용문龍門의 하수에서 말을 먹일 것이라고 했다.

【正義】 卜居雍之後 國益廣大 後代子孫得東飮馬於龍門之河

양백梁伯과 예백芮伯이 와서 조회했다.① 2년 초복初伏날에② 개를 잡아서 열독熱毒을 막게 했다.③ 덕공德公은 태어난 지 서른세 살이 되어서 즉위하고, 즉위한 지 2년 만에 죽었다. 아들 3명을 낳았다. 장자長子는 선공宣公이고 중자中子는 성공成公이며 막내는 목공 穆公이다. 장자인 선공이 즉위했다.
梁伯 芮伯來朝① 二年 初伏② 以狗禦蠱③ 德公生三十三歲而立 立二年卒 生子三人 長子宣公 中子成公 少子穆公 長子宣公立

① 梁伯芮伯來朝양백예백래조

양梁은 영성嬴姓이다. 예芮는 희성姬姓이다. 양국梁國은 풍익馮翊의 하양夏陽에 있다. 예국芮國은 풍익馮翊의 임진臨晉에 있다.

【索隱】 梁 嬴姓 芮 姬姓 梁國在馮翊夏陽 芮國在馮翊臨晉

정의 《괄지지》에 "남예향南芮鄕의 고성은 동주同州 조읍현朝邑縣 남쪽 30리에 있다. 또 북예성北芮城이 있는데 모두 옛날 예백국芮伯國이다."라고 했다. 정현鄭玄은 "주周와 동성의 국가인데 기내畿內에 있어서 왕의 경사卿士가 된 자이다. 《좌전》 환공桓公 3년 조에 예백만芮伯萬의 어머니인 예강芮姜은 예백이 총애하는 여인이 많은 것을 미워했다. 그래서 쫓아내서 위魏 땅에 나가살게 했다."라고 했다. 지금 상고해보니 섬주陝州 예성현 경계에 예국성芮國城이 있는데 아마도 이것이 은나라의 말기에 우虞와 예芮가 밭의 경계를 두고 다투었다는 그 예국芮國일 것이다.

【正義】 括地志云 南芮鄕故城在同州朝邑縣南三十里 又有北芮城 皆古芮伯國 鄭玄云周同姓之國 在畿內 爲王卿士者 左傳云桓公三年 芮伯萬之母 芮姜惡芮伯之多寵人 故逐之 出居魏 今按 [陝]州芮城縣界有芮國城 蓋是殷末虞芮爭田之芮國是也

② 初伏초복

집해 맹강孟康은 "유월 복일伏日이 초初이다. 주周나라 때에는 없었는데 이때에 이르러 있었다."라고 했다.

【集解】 孟康曰 六月伏日初也 周時無 至此乃有之

정의 유월 삼복三伏의 절기는 진덕공秦德公이 만들어 일으킨 것이다. 그래서 초복初伏이라고 일렀다. 복伏이란 숨어 엎드려서 성대한 더위를 피하는 것이다. 《역기석曆忌釋》에 이르기를 "복伏이란 무엇인가? 금기金氣를 엎드려서 감추는 날이다. 네 계절은 새 것이 와서 묵은 것을 바꾸는 것으로 모두가 상생相生한다. 입춘立春에는 목木이 수水를 갈음하고 수水는 목木을 낳는다. 입하立夏에는 화火가 목木을 갈음하고 목木이 화火를 낳는다. 입동立冬에는 수水가 금金을 갈음하고 금金이 수水를 낳는다. 입추立秋에는 금金이 화火를 갈음하고, 금金이 수水를 낳는다. 그러므로 경일庚日에 이르면 반드시 엎드린다. 경庚이란 금金이다. 그러므로 복伏이라고 한다."라고 했다.

【正義】 六月三伏之節起秦德公爲之 故云初伏 伏者 隱伏避盛暑也 曆忌釋云 伏者何 以金氣伏藏之日也 四時代謝 皆以相生 立春 木代水 水生木 立夏 火代木 木生火 立冬 水代金 金生水 立秋 以金代火 故至庚日必伏 庚者金 故曰伏也

③ 以狗禦蠱이구어고

집해 서광은 "〈연표年表〉에 이르기를 처음으로 복伏을 일으켜 사社에 제사하고 개를 잡아 찢어서 읍邑의 네 대문에 건다."라고 했다.

【集解】 徐廣曰 年表云初作伏 祠社 磔狗邑四門也

정의 고蠱란 열독熱毒의 악기惡氣가 사람을 해치고 손상시키는 것이다. 그러므로 개를 잡아 찢어서 막는 것이다. 〈연표年表〉에 "처음으로

복伏을 일으켜 사社에 제사하고 개를 찢어서 읍의 네 대문에 건다."라고
했다. 조사해보니 책磔은 제사 양禳(물리치다)이고, 개狗는 양陽의 가축
이다. 개를 찢어서 성곽의 네 대문에 걸어서 열의 독기毒氣를 물리치려
는 것이다. 《좌전》에는 "명충皿蟲이 고蠱가 된다."라고 했다. 고야왕顧野
王이 이르기를 "곡식이 오래 쌓여 있어서 변질되면 나는 벌레가 된다."
라고 했다.

【正義】 蠱者 熱毒惡氣爲傷害人 故磔狗以禦之 年表云 初作伏 祠社 磔狗
邑四門 按 磔 禳也 狗 陽畜也 以狗張磔於郭四門 禳卻熱毒氣也 左傳云皿蟲
爲蠱 顧野王云穀久積變爲飛蠱也

선공宣公 원년에 위衛나라와 연燕나라가 주周나라를 정벌해①
혜왕惠王을 내쫓고 왕자 퇴頹를 세웠다. 3년 정백鄭伯과 괵숙虢
叔이② 왕자 퇴를 죽이고 혜왕을 들여보냈다. 4년 밀치密畤를③
만들었다. 진晉나라와 하양河陽에서 싸워 이겼다. 12년 선공宣公
이 죽었다. 아들 9명을 낳았는데 모두 즉위하지 못하고 선공의
아우인 성공成公을 옹립했다.

宣公元年 衛 燕伐周① 出惠王 立王子穨 三年 鄭伯 虢叔②殺子穨而
入惠王 四年 作密畤③ 與晉戰河陽 勝之 十二年 宣公卒 生子九人 莫
立 立其弟成公

① 衛燕伐周위연벌주

[정의] 위혜공衛惠公의 도읍지가 곧 지금의 위주衛州이다. 연燕은 남연南燕이다. 주周는 천왕天王(천자)이다.《괄지지》에 "활주滑州 고성은 옛날 남연국南燕國이다."라고 했다. 응소는 "남연南燕은 길성姞姓의 나라이고 황제黃帝의 후손이다."라고 했다.

【正義】 衛惠公都卽今衛州也 燕 南燕也 周 天王也 括地志云 滑州故城古南燕國 應劭云南燕 姞姓之國 黃帝之後

② 鄭伯虢叔정백괵숙

[정의] 《괄지지》에 "낙주洛州 범수현氾水縣은 옛 동괵국東虢國이자 또 정鄭나라 제읍制邑이고 한漢나라 성고城皐인데, 곧 주목왕周穆王의 호뢰성虎牢城이다."라고 했다.《좌전》에 궁지기宮之奇가 이르기를 "괵중虢仲과 괵숙虢叔은 왕계王季의 목穆이다."라고 했다.

【正義】 括地志云 洛州氾水縣 古東虢國 亦鄭之制邑 漢之城皐 卽周穆王虎牢城 左傳云宮之奇曰 虢仲虢叔 王季之穆也

[신주] 목은 사당에서 제사 지내는 차례인데 제1대가 소昭이고, 제2대가 목이다.

③ 密時밀치

[정의] 《괄지지》에서 말한다. "한漢나라에 오치五時(다섯 제사 터)가 있었으니 곧 기주岐州 옹현雍縣 남쪽에 부치鄜時, 오양상치吳陽上時, 하치

下時, 밀치密時, 북치北時가 있었다. 진문공秦文公의 꿈에 황사黃蛇가 하늘에서 내려와 땅에 속했다. 그 입이 부연鄜衍에서 멈추었기에 치時를 만들고 백제白帝에게 교제郊祭를 지내 부치鄜時라고 했다. 진선공秦宣公이 밀치를 위남渭南에 만들고 청제靑帝에게 제사를 지냈다. 진영공秦靈公이 오양상치를 만들고 황제黃帝에게 제사하고 하치下時를 만들어 염제炎帝에게 제사했다. 한고조漢高祖는 '하늘에 오제五帝가 있는데 지금 사제四帝만 있는 것은 무엇 때문인가? 나를 기다려 오제五帝를 갖추려고 한 것이다.'라고 했다. 드디어 흑제黑帝를 세웠는데 북치北時라고 하는 것이 이것이다."

【正義】 括地志云 漢有五時 在岐州雍縣南 則鄜時 吳陽上時 下時 密時 北時 秦文公夢黃蛇自天而下 屬地 其口止於鄜衍 作時 郊祭白帝 曰鄜時 秦宣公作密時於渭南 祭青帝 秦靈公作吳陽上時 祭黃帝 作下時 祠炎帝 漢高帝曰 天有五帝 今四 何也 待我而具五 逐立黑帝 曰北時是也

신주 하늘의 오제五帝는 다섯 방위를 지키는 신神을 말한다. 곧 동쪽의 청제青帝, 서쪽의 백제白帝, 남쪽의 적제赤帝, 북쪽의 흑제黑帝, 중앙中央의 황제黃帝를 뜻한다.

성공 원년에 양백梁伯과① 예백芮伯이 와서 조회했다. 제나라 환공이 산융山戎을 정벌하고 고죽孤竹에② 군사를 주둔시켰다.

성공이 즉위한 지 4년 만에 죽었다. 아들 7명을 두었는데 모두 즉위하지 못하고 아우 목공繆公을③ 제후에 옹립했다.

成公元年 梁伯① 芮伯來朝 齊桓公伐山戎 次于孤竹②

成公立四年卒 子七人 莫立 立其弟繆公③

① 梁伯양백

정의 《괄지지》에 "동주同州 한성현韓城縣 남쪽 22리에 있는 소량少梁의 고성이 옛날 소량국少梁國이다."라고 했다. 《도성기都城記》에는 "양백梁伯의 나라는 영씨嬴氏의 후예로서 진秦나라와 조상이 동일하다. 진목공秦穆公이 재위 22년에 멸망시켰다."라고 했다.

【正義】 括地志云 同州韓城縣南二十二里少梁故城 古少梁國 都城記云梁伯國 嬴姓之後 與秦同祖 秦穆公二十二年滅之

② 孤竹고죽

정의 《괄지지》에 "고죽孤竹 옛 성이 평주平州 노룡현盧龍縣 2리에 있으며 은殷나라 때 제후의 나라인 죽국竹國이다."라고 했다.

【正義】 括地志云 孤竹故城在平州盧龍縣十二里 殷時諸侯竹國也

'산융을 정벌하고 고죽에 군사를 주둔'시켰다는 이 대목은 춘추시대 첫 패자覇者인 제환공桓公의 패업覇業의 하나로 언급되고 있다. 그런데 《사기》〈제태공세가齊太公世家〉 환공 23년(서기전 663년) 조는 "산융이 연나라를 치자 연에서 급한 사정을 제나라에 알렸다. 제환공이 연을 구하고 마침내 산융을 쳐 고죽에 이른 후 돌아왔다."라고 말하고 했다.

산융의 공격을 받은 연이 제나라에 다급하게 구원을 요청하자 산융을 물리치고 고죽까지 갔다는 뜻이다. 그 12년 뒤인 환공 35년 조에는 환공이 북쪽으로 '산융·이지·고죽'의 3국을 정벌했다고 말하고 있다.

그런데 《관자》〈대광大匡〉〈중광中匡〉 편에는 '산융·영지·고죽'을 치거나 지났다고 한 반면, 〈소광小匡〉 편에는 "천하를 바로잡아 '고죽·산융·예맥'에 이르러 …"라고, 예맥이 추가된 대신 영지는 빠져 있다. 제환공의 대외 관계 기록들이 제각각이고, 전황에 대한 구체적인 내용이 없는 것은 환공과 관중의 업적을 강조하기 위한 과장으로 보인다.

위의 기록들에 나오는 산융 등 4국은 연나라의 북쪽과 동쪽에 위치한 동이족 국가들이다. 《관자》〈소광〉 편에 "북쪽으로 산융을 치고 영지를 제어하고 고죽을 베자, 구이九夷가 듣기 시작했다."라고 했는데, 구이九夷 즉 동이에 속한 세 나라를 치니 나머지 나라들도 듣기 시작했다는 뜻이다.

《일주서逸周書》〈왕회해王會解〉는 고죽을 '동북이東北夷'라고 했는데, 고죽국의 초기 왕성은 지금의 당산시唐山市 부근에 있다가 하북성 노룡현 남쪽 12리로 옮긴 것으로 추정된다.

은나라 주왕紂王 때 고죽국 제 7대 군주 아징亞徵의 맏아들이 백이

伯夷이고 그 동생이 숙제叔齊였는데, 은나라의 신하였던 주무왕이 은주
왕을 정벌하려 하자 '신하가 군주를 정벌할 수 없다'고 반대하다가 수양
산에 들어가서 고사리만 캐 먹다가 죽었다는 일화가 유명하다.

③ 繆公목공

색은   진나라는 선공宣公 이전의 모든 사서에 그 이름이 없다. 지금
《계본》과《고사고》를 상고해서 목공의 이름이 임호任好임을 알게 되
었다.
【索隱】 秦自宣公已上皆史失其名 今按系本 古史考 得繆公名任好

목공繆公 임호任好 원년에 스스로 군사를 거느리고 모진茅津을[1]
공격해 승리했다. 4년 부인을 진晉나라에서 맞이했는데 그녀는
진晉나라 태자 신생申生의 누이였다. 그 해 제환공이 초나라를
정벌하고 소릉邵陵에 이르렀다.

繆公任好元年 自將伐茅津[1] 勝之 四年 迎婦於晉 晉太子申生姊也
其歲 齊桓公伐楚 至邵陵

① 茅津모진

정의 유백장은 "모진은 융戎의 호칭이다."라고 했다. 《괄지지》에 "모
진과 모성茅城은 섬주陝州 북하현北河縣 서쪽 20리에 있다."라고 했다.
《수경》 주석에는 "모정茅亭은 모융茅戎의 호號이다."라고 했다.

【正義】 劉伯莊云 戎號也 括地志云 茅津及茅城在陝州河北縣西二十里 注
水經云茅亭 茅戎號

5년 진헌공晉獻公이 우虞와 괵虢나라를 멸망시키고 우나라 군주와 그의 대부인 백리해百里傒를 포로로 잡았는데 이는 우虞나라에 벽옥과 말을 뇌물로 주었기 때문이다. 백리해를 포로로 잡아 진나라 목공 부인의 잉신媵臣(시집갈 때 딸려 보내는 신하)으로 삼아서 진秦나라로 딸려 보냈다. 백리해는 진나라에서 도망쳐 완宛 땅으로① 달아났는데 초나라 변경 사람에게 붙잡혔다. 진목공은 백리해가 현명하다고 듣고 많은 재물을 주고 데려오려 했는데 초나라에서 주지 않을까 두려워서 사람을 시켜 초나라에 일렀다.

"나의 잉신媵臣 백리해가 있는데 검은 양 다섯 마리 가죽으로 몸값을 치르려고 하오."

초나라 사람이 드디어 허락하고 보내 주었다. 이때 백리해 나이는 이미 70여 세였다. 목공이 그를 죄수에서 풀려나게 하고 함께 국사를 논의했다.

五年 晉獻公滅虞 虢 虜虞君與其大夫百里傒 以璧馬賂於虞故也 既虜百里傒 以爲秦繆公夫人媵於秦 百里傒亡秦走宛① 楚鄙人執之 繆公聞百里傒賢 欲重贖之 恐楚人不與 乃使人謂楚曰 吾媵臣百里傒在焉 請以五羖羊皮贖之 楚人遂許與之 當是時 百里傒年已七十餘 繆公釋其囚 與語國事

① 宛완

집해 〈지리지〉에 "남양南陽에 완현宛縣이 있다."라고 했다.
【集解】 地理志南陽有宛縣

정의 宛은 '원[於元反]'으로 발음한다. 지금의 등주현鄧州縣이다.
【正義】 宛 於元反 今鄧州縣

백리해가 사양하면서 말했다.

"저는 망국의 신하인데 어찌 하문下問하실 게 있겠습니까?"

목공이 말했다.

"우虞나라 군주가 그대를 등용하지 않아서 망했으니 그대의 죄가 아니오."

3일 동안 거듭 묻고는 목공이 크게 기뻐서 국가의 정사를 맡기려고 하면서 호를 오고대부五羖大夫라고 했다.[①] 백리해가 사양하면서 말했다.

"저는 저의 벗인 건숙蹇叔만 못합니다. 건숙이 현명한데도 세상 사람들은 알지 못합니다. 제가 일찍이 유람하다가 제나라에서 곤궁하게 되어 질銍 땅[②] 사람에게 음식을 구걸할 때 건숙이 저를 거두어 주었습니다. 제가 이어서 제나라 군주인 무지無知를 섬기려고 했는데 건숙이 막아서 저는 제나라의 난리에서 벗어날 수가 있었습니다.[③] 마침내 주周나라로 갔는데 주나라의 왕자 퇴가 소를 좋아한다고 하기에 신이 소를 기르는 것으로 뵙기를 청했습니다. 왕자 퇴가 저를 등용하고자 했지만 건숙이 만류했기에 제가 떠나서 주벌誅罰당하지 않았습니다.[④] 우나라 군주를 섬기고자 했는데 건숙이 만류했습니다. 저는 우나라 군주가 등용하지 않을 것을 알면서도 진실로 사사롭게 녹봉과 관직이 탐나서 머뭇거리며 머물렀습니다. 두 번은 그의 말을 들어서 환난에서 벗어날 수가 있었지만 한 번은 듣지 않아서 우나라 군주의 재난에 미치게 되었습니다. 이로써 그가 현명하다는 것을 알 수 있습니다."

이에 목공이 사람을 시켜 후한 폐물로 건숙을 맞이하여 상대부上大夫로 삼았다.

謝曰 臣亡國之臣 何足問 繆公曰 虞君不用子 故亡 非子罪也 固問

語三日 繆公大說 授之國政 號曰五羖大夫^① 百里傒讓曰 臣不及臣

友蹇叔 蹇叔賢而世莫知 臣常游困於齊而乞食銍^②人 蹇叔收臣 臣因

而欲事齊君無知 蹇叔止臣 臣得脫齊難^③ 遂之周 周王子穨好牛 臣

以養牛干之 及穨欲用臣 蹇叔止臣 臣去 得不誅^④ 事虞君 蹇叔止

臣 臣知虞君不用臣 臣誠私利祿爵 且留 再用其言 得脫 一不用 及虞君

難 是以知其賢 於是繆公使人厚幣迎蹇叔 以爲上大夫

① 五羖大夫오고대부

신주 고羖는 검은 암양을 뜻한다. 검은 암양 다섯 마리를 주고 속贖
해 왔다는 뜻이다.

② 질銍

집해 서광은 "질銍은 한 곳에는 '질鈺'로 되어 있다."라고 했다.
【集解】 徐廣曰 銍 一作鈺

정의 鈺은 '줄[珍栗反]'로 발음한다. 질鈺은 지명이고 패현沛縣에 있다.
【正義】 鈺音珍栗反 鈺 地名 在沛縣

③ 齊難제란

신주 제양공襄公은 재위 12년(서기전 686년) 당제堂弟인 공손무지公孫無知에게 습격당해 죽고 공손무지가 섰는데, 이듬해 옹름雍廩이 공손무지를 죽이고 공자公子 소백小白을 임금으로 추대했으니 그가 제환공齊桓公이다. 제나라의 난리란 이 정변을 말한다.

④ 不誅불주

신주 동주東周 혜왕惠王의 복위사건을 뜻한다. 서기전 676년 정鄭나라 려공厲公(정백)과 괵숙虢叔은 함께 주나라를 공격해 왕자 퇴頹를 죽이고 혜왕惠王을 복위시켰다.

가을에 목공이 스스로 군사를 이끌고 진晉나라 정벌에 나서 하곡河曲에서① 싸웠다. 진晉나라의 여희驪姬가 난을 일으켜 태자 신생은 신성新城에서② 죽고 중이重耳와 이오夷吾는 달아났다.③
9년 제나라 환공이 제후들과 규구葵丘에서④ 회맹會盟했다.

秋 繆公自將伐晉 戰於河曲① 晉驪姬作亂 太子申生死新城② 重耳 夷吾出犇③

九年 齊桓公會諸侯於葵丘④

---

① 河曲하곡

집해　서광은 "다른 본에는 곡曲자가 '서西' 자로 되어 있다."라고 했다. 배인이 조사해보니 《공양전公羊傳》에는 "하수가 천 리를 가다가 한 번 굽어진 곳이다."라고 했다. 복건이 말하기를 "하곡河曲은 진晉나라 땅이다."라고 했다. 두예는 "하곡河曲은 포판蒲阪 남쪽에 있다."라고 했다.

【集解】　徐廣曰 一作西 駰按 公羊傳曰 河千里而一曲也 服虔曰 河曲 晉地 杜預曰 河曲在蒲阪南

정의　상고해보니 하곡河曲은 화음현華陰縣 경계에 있었다.

【正義】　按 河曲在華陰縣界也

② 新城신성

정의　위소는 "곡옥曲沃에 새로 태자성太子城을 쌓았다."라고 했다. 《괄지지》에 "강주絳州 곡옥현曲沃縣에 곡옥 고성이 있는데 현지 사람들은 진晉나라 곡옥신성曲沃新城이라고 한다."라고 했다.

【正義】　韋昭云 曲沃新爲太子城 括地志云 絳州曲沃縣有曲沃故城 土人以爲晉曲沃新城

③ 夷吾出奔이오출분

정의　중이重耳는 적적翟나라로 달아나고 이오夷吾는 소량少梁으로 달아났다.

【正義】 重耳奔翟 夷吾奔少梁也

④ 葵丘규구

정의 《괄지지》에 "규구葵丘는 조주曹州 고성현考城縣 동남쪽 1리 150보步의 성곽 안에 있는데 곧 제환공齊桓公이 회맹했던 곳이다. 또 청주青州 임치현臨淄縣에 규구葵丘가 있는데 곧 《좌전》에서 연달아 칭하기를 관지보管至父가 수자리 살던 곳이다."라고 했다.

【正義】 括地志云 葵丘在曹州考城縣東南一里一百五十步郭內 卽桓公會處 又青州臨淄縣有葵丘 卽傳連稱 管至父所戍處

진晉과 진秦이 번갈아
곡식을 요청하다

진晉나라 헌공獻公이 죽었다. 여희驪姬의 아들인 해제奚齊를 세
웠는데 그의 신하 이극里克이 해제를 죽였다. 순식荀息이 탁자卓
子를 세우자 이극이 또 탁자와① 순식을 죽였다. 이오夷吾는 사
람을 진秦나라에 보내 진晉나라로 들어가게 해 달라고 청했다.
이에 목공繆公이 허락하고 백리해를 시켜 군사를 이끌게 하여
이오에게 보냈다.

晉獻公卒 立驪姬子奚齊 其臣里克殺奚齊 荀息立卓子① 克又殺卓子
及荀息 夷吾使人請秦 求入晉 於是繆公許之 使百里傒將兵送夷吾

① 卓子탁자

서광은 "탁卓은 다른 본에는 '탁倬'으로 되어 있다."라고 했다.
【集解】 徐廣曰 一作倬

이오가 말했다.

"진실로 왕위에 오르게 된다면 진晉나라 하서河西의 8개 성을^① 떼어서 진秦나라에 주겠습니다."

이에 진晉나라에 이르러 왕위에 오르자 비정丕鄭을 시켜 진秦나라를 배신하고 하서의 성들을 주지 않았으며 이극도 죽였다. 비정이 이 소문을 듣고 두려워하면서 목공과 모의해서 말했다.

"진晉나라 사람들은 이오夷吾가 왕이 되는 것을 바라지 않았고 실제로는 중이重耳를 세우고자 했습니다. 지금 진秦나라와의 약속을 배신하고 이극을 죽인 것은 모두 여생呂甥과 극예郤芮의 계책입니다. 원하건대 군주께서는 재물로 여생과 극예를 급히 부르셔서 여생과 극이 이르면 다시 중이를 들여보내는 것이 좋을 것입니다."

夷吾謂曰 誠得立 請割晉之河西八城^①與秦 及至 已立 而使丕鄭謝秦 背約不與河西城 而殺里克 丕鄭聞之 恐 因與繆公謀曰 晉人不欲夷吾 實欲重耳 今背秦約而殺里克 皆呂甥 郤芮之計也 願君以利急召呂 郤 呂 郤至 則更入重耳便

① 河西八城하서팔성

동주同州와 화주華州 등의 땅이다.

【正義】 謂同 華等州地

목공이 허락하고 사신과 비정을 돌아가게 해서 여생과 극예를 불렀다. 여생과 극예 등은 비정이 이간을 시킨 것이라고 의심하고 이에 이오에게 말하여 비정을 죽였다. 비정의 아들 비표丕豹가 진秦나라로 달아나 목공에게 설득해서 말했다.

"진晉나라 군주가 무도無道해서 백성이 가까이하지 않으니 정벌하는 것이 가할 것입니다."

진秦의 목공이 말했다.

"백성이 진실로 왕을 편들지 않는다면 그 대신을 죽일 수 있겠는가? 능히 대신을 죽일 수 있다면 이것은 백성들이 협조하기 때문이다."[1]

비표의 말을 들어 주지는 않았지만 몰래 비표를 등용했다.

繆公許之 使人與丕鄭歸 召呂郤 呂 郤等疑丕鄭有閒 乃言夷吾殺丕鄭 丕鄭子丕豹奔秦 說繆公曰 晉君無道 百姓不親 可伐也 繆公曰 百姓苟不便 何故能誅其大臣 能誅其大臣 此其調也[1] 不聽 而陰用豹

① 能誅其大臣此其調也능수기대신차기조야

調는 '됴[徒聊]'로 발음한다. 대신인 비정丕鄭을 죽일 수 있다는 말은 이 이오夷吾가 백성들과 조화롭다고 이른 것이다. 유백장劉伯莊은 調는 '도[徒弔反]'라고 발음한다. 조사해보니 조調는 '뽑다選'는 뜻이다. 사특한 신하를 죽이고 충성스런 신하를 등용해서 이 이오夷吾가 뽑힐 수 있었다는 뜻이다. 양쪽 다 통한다.

【正義】 調音徒聊反 言能誅大臣丕鄭 云是夷吾於百姓調和也 劉伯莊音徒 弔反 按 調 選也 邪臣誅 忠臣用 是夷吾能調選 兩通也

신주 대신들을 죽일 수 있는 것은 백성들이 선택했기 때문이라는 뜻이다.

12년 제齊나라 관중管仲과 습붕隰朋이 죽었다.

진晉나라에 가뭄이 들어 진秦나라에 곡식을 요청했다. 비표가 목공에게 곡식을 주지 말고 굶주릴 때를 이용해 정벌하라고 설득했다. 목공이 공손지公孫支에게[1] 묻자 공손지가 말했다.

"기근饑饉과 풍년은 번갈아 일어나는 일이니 주지 않을 수 없습니다."

다시 백리해에게 묻자 백리해가 대답했다.

"이오가 군주께 죄를 얻은 것이지 그 백성들이야 무슨 죄가 있겠습니까?"

이에 백리해와 공손지의 말을 써서 마침내 진晉나라에 곡식을 주었다. 배로 실어 나르고 수레로 운반했는데 옹雍 땅부터 강絳 땅까지 서로 바라볼 정도로 이어졌다.[2]

十二年 齊管仲 隰朋死

晉旱 來請粟 丕豹說繆公勿與 因其饑而伐之 繆公問公孫支[1] 支曰 饑穰更事耳 不可不與 問百里傒 傒曰 夷吾得罪於君 其百姓何罪 於是用百里傒 公孫支言 卒與之粟 以船漕車轉 自雍相望至絳[2]

① 公孫支공손지

집해 복건은 "진秦나라의 대부 공손자상公孫子桑이다."라고 했다.
【集解】 服虔曰 秦大夫公孫子桑

② 雍相望至絳옹상망지강

집해 가규는 "옹雍은 진秦나라의 국도國都이다. 강絳은 진晉나라의
국도國都이다."라고 했다.

【集解】 賈逵曰 雍 秦國都 絳 晉國都也

14년 진秦나라에 흉년이 들어 진晉나라에 곡식의 원조를 요청
했다. 진晉나라의 군주가 여러 신하들과 의논했다. 괵석虢射이[①]
말했다.

"흉년이 든 것을 이용해서 정벌한다면 큰 공을 세울 수 있을 것
입니다."

진晉나라의 군주가 그의 의견을 따랐다. 15년 군사를 일으켜 진
秦나라를 공격하려고 했다. 목공이 군사를 일으켜 비표를 장수
로 삼아 친히 싸우러 나갔다. 9월 임술壬戌일에 (진목공이) 진혜
공晉惠公 이오夷吾와 한韓 땅에서[②] 부딪쳐 싸웠다. 진晉나라 군
주가 그의 군대를 돌보지 않고 진격해서 진秦나라와 더불어 이
익을 서로 다투고 돌아오다가 진흙 속으로 말이 빠졌다.[③]

十四年 秦饑 請粟於晉 晉君謀之羣臣 虢射[①]曰 因其饑伐之 可有大
功 晉君從之 十五年 興兵將攻秦 繆公發兵 使丕豹將 自往擊之 九月
壬戌 與晉惠公夷吾合戰於韓地[②] 晉君奔其軍 與秦爭利 還而馬鷙[③]

① 虢射괵석

정의 射는 여기에서는 '석石'으로 발음한다.

【正義】 射音石也

② 韓地한지

정의 《좌전》에 희공僖公 15년 진秦과 진晉이 한원韓原에서 싸워 진秦나라에서 진후晉侯를 포로로 잡아 돌아갔다. 《괄지지》에 "한원韓原은 동주同州 한성현韓城縣 서남쪽 18리에 있다."라고 했다. 《십육국춘추十六國春秋》에는 "위과魏顆가 꿈에서 아버지가 풀을 묶어서 진秦나라 장수인 두회杜回에게 대항했다고 했는데 이 또한 한원韓原에 있었다."라고 했다.

【正義】 左傳云僖公十五年 秦晉戰于韓原 秦獲晉侯以歸 括地志云 韓原在同州韓城縣西南十八里 十六國春秋云魏顆夢父結草抗秦將杜回 亦在韓原

② 還而馬鷙환이마치

정의 鷙는 '치致'로 발음한다. 《국어》에 이르기를 "진晉나라 군사가 궤멸되었는데 융戎의 말이 돌아가다가 깊은 진창에서 멈췄다."라고 했다. 위소는 "녕濘은 깊은 진창이다."라고 했다.

【正義】 鷙音致 又敕利反 國語云 晉師潰 戎馬還 濘而止 韋昭云 濘 深泥也

목공이 그의 휘하들과 함께 말을 달려 추격했으나 진晉나라의 군주를 잡지 못하고 도리어 진晉나라 군사들에게 포위를 당했다. 진晉나라 군사들이 목공을 공격해 목공이 부상을 당했다. 이때 기산岐山 아래에서 목공의 좋은 말을 잡아먹었던 300명의 야인野人들이 진晉나라 군대에 돌진하니 진晉나라 군대의 포위가 풀렸고 마침내 목공이 위험에서 벗어나 도리어 진군晉君을 생포하게 되었다. 이보다 앞서 목공이 좋은 말을 잃어버렸는데 기산岐山 아래의 야인野人들이[1] 잡아서 300여 명이 함께 먹어버렸다. 관리가 이들을 잡아서 법대로 하려고 했다.

繆公與麾下馳追之 不能得晉君 反爲晉軍所圍 晉擊繆公 繆公傷 於是岐下食善馬者三百人馳冒晉軍 晉軍解圍 遂脫繆公 而反生得 晉君 初 繆公亡善馬 岐下野人[1]共得而食之者三百餘人 吏逐得 欲 法之

① 岐下野人기하야인

정의 《괄지지》에 "야인오野人塢는 기주岐州 옹현雍縣 동북쪽 20리에 있다."라고 했다. 상고해보니 야인野人들이 말을 도둑질해서 잡아먹은 곳이기 때문에 이렇게 이름 지은 것이다.

【正義】 括地志云 野人塢在岐州雍縣東北二十里 按 野人盜馬食處 因名焉

목공이 말했다.

"군자君子는 기르는 가축 때문에 사람을 해쳐서는 안 된다. 내가 듣기에 좋은 말고기를 먹고 술을 마시지 않으면 사람을 상하게 한다고 하더라."

이에 모두에게 술을 내려 마시게 하고 사면해 주었다. 300 야인들은 진秦에서 진晉을 공격한다는 말을 듣고 모두 종군하기를 원했는데, 종군하다가 목공이 군색한 처지에 있는 것을 보자 모두가 적의 무기를 꺾어버리고 죽음을 각오하고 싸워 말을 잡아 먹은 은덕에 보답했다. 이에 목공이 진군晉君을 포로로 잡아 진秦나라로 돌아가서 온 나라에 명령을 내려 말했다.

"모두 재계하고 하루 밤을 새고 나서 내가 장차 진군晉君으로 상제上帝에게 제사를 지내리라."

繆公曰 君子不以畜産害人 吾聞食善馬肉不飮酒 傷人 乃皆賜酒而赦之 三百人者聞秦擊晉 皆求從 從而見繆公窘 亦皆推鋒爭死 以報食馬之德 於是繆公虜晉君以歸 令於國 齊宿 吾將以晉君祠上帝

주周나라 천자天子가 듣고, '진晉나라는 우리와 동성同姓이라'고
말하면서 진秦나라에 진군晉君의 사면을 요청했다. 이오의 누이
가 또한 목공의 부인이 되었는데, 부인이 이를 듣고 최복衰服(상
복)에 수질首経(머리에 쓰는 질)과 요질要経(허리에 감는 질)을 하고
맨발로 나와서 말했다.

"첩의 형제가 서로를 구제하지 못해서 군주의 명을 욕되게 했습
니다."

목공이 말했다.

"나는 진군晉君을 사로잡은 것을 공로로 여기고 있는데 지금 천
자께서는 사면을 청하고 부인께서는 근심하는구려!"

周天子聞之 曰 晉我同姓 爲請晉君 夷吾姉亦爲繆公夫人 夫人聞之
乃衰経跣 曰 妾兄弟不能相救 以辱君命 繆公曰 我得晉君以爲功 今
天子爲請 夫人是憂

이에 진군晉君과 함께 맹세하고 돌아가는 것을 허락해 다시 최고의 관사에 머물게 하고 칠뢰七牢를 보내 대접했다.[①] 11월에 진군晉君 이오夷吾를 돌려보내자 이오는 그 하서河西 땅을 헌납하고 태자太子 어圉를 보내 진秦나라에 인질로 삼게 했다. 진秦나라는 종실 여인을 자어子圉에게 아내로 삼아 주었다. 이때 진秦나라의 땅은 동쪽으로 하수河水까지 이르렀다.[②]

乃與晉君盟 許歸之 更舍上舍 而饋之七牢[①] 十一月 歸晉君夷吾 夷吾獻其河西地 使太子圉爲質於秦 秦妻子圉以宗女 是時秦地東至河[②]

① 饋之七牢궤지칠뢰

집해 가규賈逵는 "제후의 옹희雍餼(화해의 뜻으로 보내는 음식)는 칠뢰七牢이다. 소 한 마리, 양 한 마리, 돼지 한 마리가 일뢰一牢가 된다."라고 했다.

【集解】 賈逵曰 諸侯雍餼七牢 牛一羊一豕一爲一牢也

② 河하

정의 진晉의 하수 서쪽의 여덟 개 성이 진秦나라로 들어가자 진秦나라 동쪽 국경이 하수河水에 이르렀으니 곧 용문하龍門河이다.

【正義】 晉河西八城入秦 秦東境至河 卽龍門河也

18년 제나라 환공이 죽었다. 20년 진秦나라가 양梁나라와 예芮
나라를 멸망시켰다.[1]

十八年 齊桓公卒 二十年 秦滅梁 芮[1]

① 梁芮양예

정의   양梁과 예芮나라는 모두 동주同州에 있다. 진秦나라에서 그 땅
을 얻고 두 나라의 군주를 멸망시킨 것이다.

【正義】 梁 芮國皆在同州 秦得其地 故滅二國之君

진문공이 일어서다

목공 22년 진晉나라 공자公子 어圉는 진군晉君이 병이 들었다는 소문을 듣고 말했다.

"양梁나라는 우리 어머니의 나라인데[1] 진秦나라에서 멸망시켰다. 나는 형제가 많으므로 곧 군주께서 돌아가시면[2] 진秦나라는 반드시 나를 억류할 것이고, 진晉나라도 나를 가볍게 여겨서 다른 아들로 바꾸어 세우려고 할 것이다."

공자 어圉가 이에 도망쳐 진晉나라로 돌아갔다. 23년 진혜공晉惠公이 죽고 자어子圉가 즉위하여 군주가 되었다. 진秦나라는 자어가 도망간 것을 원망해서 진晉의 공자 중이重耳를 초楚나라에서 맞이해 옛 자어의 아내를 아내로 삼아 주었다. 중이가 처음에 사양하다가 뒤에 받아들였다. 목공이 더욱 두터운 예로써 대우했다. 24년 봄 진秦나라에서 사람을 보내 진晉나라의 대신들에게 고하고 중이를 들여보내려고 했다. 진晉나라에서 허락하자 사람을 시켜 중이를 호송하여 보냈다. 2월 중이가 즉위하여 진晉나라 군주가 되었는데 이이가 문공文公이다. 문공이 사람을 시켜 자어를 죽였다. 자어는 회공懷公이라고 했다.

二十二年 晉公子圉聞晉君病 曰 梁 我母家也^① 而秦滅之 我兄弟多 卽君百歲後^② 秦必留我 而晉輕 亦更立他子 子圉乃亡歸晉 二十三 年 晉惠公卒 子圉立爲君 秦怨圉亡去 乃迎晉公子重耳於楚 而妻以 故子圉妻 重耳初謝 後乃受 繆公益禮厚遇之 二十四年春 秦使人告 晉大臣 欲入重耳 晉許之 於是使人送重耳 二月 重耳立爲晉君 是爲 文公 文公使人殺子圉 子圉是爲懷公

① 梁我母家也양아모가야

정의 공자 어公子圉의 어머니는 양백梁伯의 딸이었다.

【正義】 子圉母 梁伯之女也

② 百歲後백세후

신주 사람이 백 세 후까지 살 수 없으므로 백 세 후나 백세지후百歲
之後는 모두 부모나 지체 높은 사람이 죽었을 때를 가정해 말할 때 사
용하는 말이다.

그해 기을, 주앙왕周襄王의 이우인 대帶기 적翟의 군대를 써서 양왕을 정벌하자 양왕이 쫓겨나 정鄭나라에서 거처했다.[①] 25년 주양왕周襄王이 사신을 보내 진晉과 진秦에 난리에 대해 알렸다. 진나라 목공이 군사를 인솔하고 진문공晉文公을 도와 양왕襄王을 주나라로 귀국시키고 양왕의 동생인 대帶를 죽였다. 28년 진문공晉文公이 성복城濮에서[②] 초나라를 물리쳤다. 30년 목공이 진문공을 도와 정鄭나라를 포위했다.[③] 정나라에서 사람을 보내 진목공을 설득해 말했다.

"정나라가 망하고 진晉나라가 강해지면 진晉나라는 얻는 것이 많겠지만 진秦나라에는 이롭지 않을 것입니다. 진晉나라가 강성해지면 진秦나라의 근심거리가 될 것입니다."

목공이 이에 군사들을 파하고 돌아갔다. 진晉나라에서 또한 군사들을 파했다. 33년 겨울 진문공이 죽었다.

其秋 周襄王弟帶以翟伐王 王出居鄭[①] 二十五年 周王使人告難於晉秦 秦繆公將兵助晉文公入襄王 殺王弟帶 二十八年 晉文公敗楚於城濮[②] 三十年 繆公助晉文公圍鄭[③] 鄭使人言繆公曰 亡鄭厚晉 於晉而得矣 而秦未有利 晉之彊 秦之憂也 繆公乃罷兵歸 晉亦罷 三十二年冬 晉文公卒

① 王出居鄭왕출거정

정의   왕王이 범읍汜邑에 거처했다.
【正義】 王居于汜邑也

② 城濮성복

정의   위衛나라의 땅이었다. 지금의 복주濮州이다.
【正義】 衛地也 今濮州

③ 圍鄭위정

정의   《좌전》에는 "희공僖公 35년에 진후晉侯와 진백秦伯이 정나라를 포위했다."라고 했다. 두예는 "문공이 정나라를 지나갈 때 정나라에서 예로 대하지 않았기 때문이었다."라고 했다.
【正義】 左傳云僖公三十年 晉侯 秦伯圍鄭 杜預云 文公過鄭 鄭不禮之

정나라를 팔아먹는 자가 진秦나라에 말했다.

"저는 정나라의 성문을 주관하니 정나라를 습격할 수 있습니다."

목공이 건숙蹇叔과 백리해에게 묻자 그들이 대답했다.

"여러 나라를 거쳐 천 리 길을 가서 습격함은 이득이 거의 없을 것입니다. 또 다른 사람들이 정나라를 팔아먹었다면 어찌 우리 나라 사람이라고 우리의 정세를 정나라에 고하는 자가 있지 않다고 할 수 있겠습니까? 안 됩니다."

목공이 말했다.

"그대들은 알지 못하오. 나는 이미 결정했소."

드디어 군사들을 출동시켰다. 백리해의 아들 맹명시孟明視와 건숙의 아들 서걸술西乞術과 백을병白乙丙에게 군사들을 이끌게 했다.

鄭人有賣鄭於秦曰 我主其城門 鄭可襲也 繆公問蹇叔 百里傒 對曰 徑數國千里而襲人 希有得利者 且人賣鄭 庸知我國人不有以我情 告鄭者乎 不可 繆公曰 子不知也 吾已決矣 遂發兵 使百里傒子孟明 視 蹇叔子西乞術及白乙丙將兵

행군하는 날, 백리해와 건숙 두 사람이 통곡을 했다. 목공이 이 소식을 듣고 화내며 말했다.

"내가 군사들을 일으키는데 그대들이 통곡하며 우리 군사들을 저지하는 것은[1] 무엇 때문인가?"

두 노인이 말했다.

"신들이 감히 군주의 군대를 저지하려는 것이 아닙니다. 군대가 행군하는데 신들의 자식들도 함께[2] 갑니다. 그런데 신들은 늙었으므로 (자식들이) 더디게 돌아온다면 서로 보지 못할까 봐 두려워서 곡을 하는 것일 뿐입니다."

두 노인은 물러나서 그 아들들에게 일렀다.

"너희들의 군대가 곧 무너진다면 반드시 효산殽山의 험난한 곳일 것이다."[3]

行日 百里傒 蹇叔二人哭之 繆公聞 怒曰 孤發兵而子沮哭吾軍[1] 何也 二老曰 臣非敢沮君軍 軍行 臣子與[2]往 臣老 遲還恐不相見 故哭耳 二老退 謂其子曰 汝軍卽敗 必於殽阨矣[3]

① 子沮哭吾軍자저곡오군

정의 沮는 '져[自呂反]'로 발음한다. 저沮는 '훼손毁하다'. 《좌전》에는 건숙蹇叔이 곡을 하면서 이르기를 "맹자孟子여! 나는 군사가 나가는 모습은 보지만 그들이 들어오는 모습은 보지 못할 것이다."라고 했다.

【正義】 沮 自呂反 沮 毁也 左傳云蹇叔哭之曰 孟子 吾見師之出 不見其入也

② 與여

[정의] '예預'로 발음한다.

【正義】 與音預

③ 殽阨효액

[정의] 殽는 '효[胡交反]'로 발음하고, 阨은 '액厄'으로 발음한다. 《춘추》에 희공僖公 33년 진晉나라 사람과 강융姜戎이 진秦나라의 군사를 효산殽山에서 패배시켰다. 《괄지지》에 "삼효산三殽山은 또 이름을 금잠산嶔岑山이라고 하는데 낙주洛州 영녕현永寧縣 서북쪽 20리에 있으며 곧 옛날의 효도殽道이다."라고 했다.

【正義】 殽音胡交反 阨音厄 春秋云魯僖公三十三年 晉人及姜戎敗秦師于殽 括地志云 三殽山又名嶔岑山 在洛州永寧縣西北二十里 卽古之殽道也

33년 봄 진秦나라 군사들이 드디어 동쪽 진晉나라 땅을 거쳐 주周나라의 북문을 지나갔다. 주나라 왕손만王孫滿이 말했다.

"진秦나라 군사들은 예의가 없으니① 패하지 않을 것을 어찌 기다리겠느냐?"

군사들이 활滑 땅에② 이르니 정나라의 장사꾼③ 현고弦高라는④ 사람이 열두 마리 소를 가지고 주나라로 팔러 가다가 진秦나라 군사들이 발견하고 죽이거나 사로잡을까 두려워 그 소를 바치면서 말했다.

"대국에서 정나라를 주벌한다는 소식을 듣고 정나라 군주께서는 삼가 몸을 닦고 방어 준비를 하면서 신에게 열두 마리 소를 가지고 가서 군사들을 위로하라고 했습니다."

진秦나라의 세 장군이 서로 말했다.

"정나라를 습격하려고 했는데 지금 정나라에 이미 발각되었다면 가더라도 성공하지 못할 것이오."

이에 활滑 땅을 멸했는데 활은 진晉나라의 변방 읍이었다.

三十三年春 秦兵遂東 更晉地 過周北門 周王孫滿曰 秦師無禮① 不敗何待 兵至滑② 鄭販賣賈人③弦高④ 持十二牛將賣之周 見秦兵 恐死虜 因獻其牛 曰 聞大國將誅鄭 鄭君謹修守禦備 使臣以牛十二勞軍士 秦三將軍相謂曰 將襲鄭 鄭今已覺之 往無及已 滅滑 滑 晉之邊邑也

① 秦師無禮진사무례

정의 《좌전》에 "진秦나라 군사가 주周나라의 북문을 지날 때 (전차를 탄 좌·우 전사들이 천자에게 경의를 표하기 위해서) 투구를 벗고 내렸다가 뛰어서 올라타는데超乘 전차가 300대였다. 왕손만王孫滿은 아직 어렸지만 그 광경을 보고 주왕周王(천자)에게 '진秦나라 군사는 가볍고 무례하므로 반드시 패배할 것입니다.'라고 말했다."라고 했다. 두예杜預는 "왕성은 북문이다. 천자의 문을 지나면서 굽히지 않고 군사를 단속하지 않은 것을 말한 것이다. 초승超乘은 용맹스러운 것을 보인 것이다."라고 했다.

【正義】 左傳云 秦師過周北門 左右免冑而下 超乘者三百乘 王孫滿尚幼觀之 言於王曰 秦師輕而無禮 必敗 杜預云 王城北門也 謂過天子門不卷甲束兵 超乘 示勇也

② 滑활

정의 滑은 '활[爲八反]'로 발음한다. 《괄지지》에 "구지緱氏의 고성은 낙주 구지현緱氏縣 동쪽 25리에 있으며 활백滑伯의 나라였다."라고 했다. 위소는 "희성姬姓의 작은 나라다."라고 했다.

【正義】 爲八反 括地志云 緱氏故城在洛州緱氏縣東二十五里 滑伯國也 韋昭云 姬姓小國也

③ 鄭販賣賈人정판매고인

정의 賈는 '고古'로 발음한다. 《좌전》에는 '상인商人'이라고 되어 있다.

【正義】 賣 麥卦反 賈音古 左傳作商人也

④ 弦高현고

집해 사람 이름이다.

【集解】 人姓名

이때를 당해 진문공晉文公의 장례를 아직 치르지 못했다. 태자 양공襄公이 노하여 말했다.

"진秦나라에서 고아가 된 나를 모욕하고, 상중에 있는 것을 이용해 나의 활滑 땅을 쳐부수었다."

마침내 상복을 검게 물들여 입고 군사를 일으켜 진나라의 군사를 효산에서 막고 습격해서 진군秦軍을 크게 격파하니 한 명도 도망가지 못했다. 또 진秦나라의 장수 세 명을 사로잡고 돌아갔다.

當是時 晉文公喪尚未葬 太子襄公怒曰 秦侮我孤 因喪破我滑 遂墨衰絰 發兵遮秦兵於殽 擊之 大破秦軍 無一人得脫者 虜秦三將以歸

문공文公의 부인은 진秦나라 여지였다.[①] 진나라를 위해 세 명의 죄수를 청하면서 말했다.

"목공의 원한은 이 세 사람에게 골수에 맺혀 있을 것입니다. 원컨대 이 세 사람을 돌려보내서 내 군주로 하여금 통쾌하게 삶아 죽이게 하십시오."

진군晉君이 이를 허락해서 진秦나라 장수 세 명을 돌려보냈다.

세 명의 장수가 이르자 목공이 소복素服을 입고 교외까지 나가서 맞이하고 세 사람을 향해서 곡을 하며 말했다.

"내가 백리해와 건숙의 간언을 듣지 않아 그대 셋을 치욕 당하게 했다. 그대들에게 무슨 죄가 있겠는가? 그대들은 마음을 다해 치욕을 씻어내고 게으르지 말라."

마침내 세 명의 관직과 녹봉을 옛날과 같게 해서 더욱 두텁게 대우했다.

文公夫人 秦女也[①] 爲秦三囚將請曰 繆公之怨此三人入於骨髓 願令此三人歸 令我君得自快烹之 晉君許之 歸秦三將 三將至 繆公素服郊迎 嚮三人哭曰 孤以不用百里傒 蹇叔言以辱三子 三子何罪乎 子其悉心雪恥 毋怠 遂復三人官秩如故 愈益厚之

① 文公夫人秦女也문공부인진녀야

집해 복건服虔은 "목공의 딸이다."라고 했다.

【集解】 服虔曰 繆公女

34년 초楚나라 태자 상신商臣이 그 아버지 성왕成王을 시해하고 대신 왕위에 올랐다.

목공이 이에 다시 맹명시孟明視 등을 시켜 군사들을 거느리고 진晉나라를 정벌하게 했다. 팽아彭衙에서[1] 싸웠는데 진秦나라가 불리해지자 군사들을 이끌고 돌아왔다.

三十四年 楚太子商臣弑其父成王代立

繆公於是復使孟明視等將兵伐晉 戰于彭衙[1] 秦不利 引兵歸

① 彭衙팽아

[집해] 두예는 "풍익馮翊 합양현郃陽縣 서북쪽에 아성衙城이 있다."라고 했다.

【集解】 杜預曰 馮翊郃陽縣西北有衙城

[정의] 《괄지지》에 "팽아 고성은 동주同州 백수현白水縣 동북쪽 60리에 있다."라고 했다.

【正義】 括地志云 彭衙故城在同州白水縣東北六十里

유여由余를 신하로 만들다

융왕戎王이 유여由余를 진秦나라에 사신으로 보냈다. 유여由余
는[①] 그 선조가 진晉나라 사람이었는데 망명해서 융戎으로 들어
갔으므로 진晉나라 말을 할 줄 알았다. 융왕은 진秦나라 목공이
현명하다는 소문을 들었다. 그래서 유여를 보내 진秦나라를 관
찰하게 했다. 진목공秦繆公은 유여에게 궁실을 보여주고 재물이
쌓인 창고도 보여주었다. 유여가 말했다.

"이러한 궁실과 재물은 귀신에게 시켜도 만들기 힘들 것인데 사
람에게 시키면 또한 백성들이 괴로울 것입니다."

목공이 괴이하게 여겨 물었다.

"중국은 시詩·서書·예禮·악樂과 법도로써 정치를 하는데도 오
히려 항상 난리가 일어나는데 지금 융이戎夷는 그렇지 않으니
무엇으로 다스리오? 또한 다스리기 어렵지 않겠소?"

戎王使由余於秦 由余^① 其先晉人也 亡入戎 能晉言 聞繆公賢 故使

由余觀秦 秦繆公示以宮室 積聚 由余曰 使鬼爲之 則勞神矣 使人爲

之 亦苦民矣 繆公怪之 問曰 中國以詩書禮樂法度爲政 然尙時亂 今

戎夷無此 何以爲治 不亦難乎

① 由余유여

정의   융인戎人의 성명姓名이다.

【正義】 戎人姓名

유여가 웃으면서 말했다.

"이것이 중국에 난리가 나는 이유입니다. 무릇 상고시대의 성인聖人이신 황제黃帝께서는 예악과 법도를 만드시고 먼저 이를 실천하셔서 겨우 나라를 조금 다스릴 수 있었습니다. 그러나 그 후세에 이르러서 날로 교만해지고 음란해졌습니다. 법도의 위엄에 막혀서 아래를 꾸짖고 감독하니 아래는 고달픔이 극도에 달한 것입니다. 곧 인의 때문에 그 위를 원망합니다. 이에 아래 위가 서로 싸우고 원망해서 서로 군주의 자리를 빼앗거나 죽이고 그 종족을 멸망시키는 데에 이르는 것이 모두 이러한 부류였습니다. 대저 융이는 그렇지 않습니다. 위에서는 순박한 덕으로 그 아랫사람들을 대우하고 아랫사람들은 충성과 믿음을 가슴에 품고 윗사람을 섬기니 한 나라를 다스리는 것이 마치 한 몸을 다스리는 것과 같아서 다스리는 사실조차 알지 못합니다. 이것이 진실로 성인聖人의 다스림입니다."

由余笑曰 此乃中國所以亂也 夫自上聖黃帝作爲禮樂法度 身以先之 僅以小治 及其後世 日以驕淫 阻法度之威 以責督於下 下罷極則 以仁義怨望於上 上下交爭怨而相篡弑 至於滅宗 皆以此類也 夫戎夷不然 上含淳德以遇其下 下懷忠信以事其上 一國之政猶一身之治 不知所以治 此真聖人之治也

이에 진목공이 물러나서 내사內史 요廖에게① 물었다.

"내가 듣기에 이웃 나라에 성인聖人이 있는 것은 적국敵國의 걱정이라고 했소. 지금 유여의 현명함이 과인의 해가 될 것인데 장차 어떻게 해야 하겠소?"

내사內史 요廖가 대답했다.

"융왕은 궁벽한 곳에 거처하고 있으니 중국의 음악을 듣지 못했을 것입니다. 군주께서는 시험 삼아 그에게 여악女樂을 보내 그의 뜻을 빼앗으십시오.② 그리고 유여를 머물도록 요청해 그 틈이 생기게 해야 합니다. 오래 머물게 하고 보내지 않으면 돌아갈 시기를 잃게 될 것입니다. 융왕이 괴이하게 여기고 반드시 유여를 의심할 것입니다. 군주와 신하 사이에 틈이 생기면 사로잡아 둘 수 있습니다. 또 융왕이 음악을 좋아하게 되면 반드시 정사에 게을러질 것입니다."

목공이 말했다.

"좋은 계책이다."

於是繆公退而問內史廖①曰 孤聞鄰國有聖人 敵國之憂也 今由余賢 寡人之害 將奈之何 內史廖曰 戎王處辟匿 未聞中國之聲 君試遺其 女樂 以奪②其志 爲由余請 以疏其閒 留而莫遣 以失其期 戎王怪之 必疑由余 君臣有閒 乃可虜也 且戎王好樂 必怠於政 繆公曰 善

① 內史廖내사요

집해　《한서》〈백관표百官表〉에 "내사內史는 주周나라의 관직이다."라고 했다.

【集解】　漢書百官表曰 內史 周官也

② 奪탈

집해　서광은 "탈奪은 다른 본에는 '순徇(돌리다)'으로 되어 있다."라고 했다.

【集解】　徐廣曰 奪 一作徇

이에 유여와 나란히 앉아서① 그릇을 서로 돌리고 식사하면서 융족의 지형이나 군사에 대해 자세하게 물었다. 그 후 내사 요에게 여악女樂 28명을 융왕에게 보냈다. 융왕이 받으면서 기뻐했는데 해가 다가도록 돌려보내지 않았다. 이때 진나라에서 유여가 돌아와서 여러 차례 간쟁했지만 듣지 않았다. 진목공이 또 여러 차례 사람을 보내 몰래 유여를 초청하자 유여가 마침내 융왕을 떠나서 진나라에 투항했다. 진목공이 객례客禮로 예를 하고 융戎을 정벌할 형세를 물었다.

因與由余曲席而坐① 傳器而食 問其地形與其兵勢盡詧 而後令內史廖以女樂二八遺戎王 戎王受而說之 終年不還 於是秦乃歸由余 由余數諫不聽 繆公又數使人閒要由余 由余遂去降秦 繆公以客禮禮之 問伐戎之形

① 曲席而坐곡석이좌

정의 조사해보니 상牀이 목공穆公의 좌우에 있어서 서로 이어 붙어서 앉은 것을 곡석曲席이라고 이른다.

【正義】 按 牀在穆公左右 相連而坐 謂之曲席也

신주 곡석曲席은 자리를 나란히 앉는 것을 뜻한다. 곧 친근함을 과시한 것이다.

36년 목공이 맹명시 등을 더욱 후대하면서 군사를 인솔하고 진晉나라를 정벌하게 했다. 하수를 건너서 돌아갈 배를 불사르고는 진나라 사람들을 크게 무너뜨리고 또 왕관王官과 호鄗 땅을 빼앗아서[1] 효산 싸움의 패배를 보복했다. 진晉나라 사람들이 모두 성만 지킬 뿐 감히 나오지 못했다. 이에 목공이 몸소 모진茅津으로부터[2] 하수를 건너[3] 효산 싸움에서 죽은 시체들을 거두어[4] 발상發喪하면서 사흘 동안 곡을 했다.

三十六年 繆公復益厚孟明等 使將兵伐晉 渡河焚船 大敗晉人 取王官及鄗[1] 以報殽之役 晉人皆城守不敢出 於是繆公乃自茅津[2]渡河[3] 封殽中尸[4] 爲發喪 哭之三日

① 取王官及鄗취왕관급교

집해　서광徐廣은 《좌전》에 호鄗가 '교郊'로 되어 있다"라고 했다. 나배인이 조사해보니 복건服虔은 "다 진晉나라 땅인데 소유하지 못했다"라고 했다.

【集解】 徐廣曰 左傳作郊 駰案 服虔曰 皆晉地 不能有

정의　鄗는 '교郊'로 발음한다. 두예는 "취取라고 쓴 것은 쉬웠다고 말한 것이다."라고 했다. 《괄지지》에 "왕관王官은 동주同州 징성현澄城縣 서북쪽 90리에 있다. 또 이르기를 남교南郊의 고성故城은 현縣 북쪽

70리에 있다. 또 북교北郊에 고성故城이 있고 또 서교西郊에 옛 성이 있다.”라고 했다. 《좌전》에는 “문공文公 3년에 진백秦伯이 진晉을 정벌하면서 하수를 건너 배를 불태우고 왕관王官과 교郊를 빼앗았다.”라고 했다. 《괄지지》에 “포주蒲州 의지현猗氏縣 남쪽 2리에 또 왕관王官 고성이 있는데 또한 진秦나라 백작이 빼앗았다.”라고 했다. 앞의 글에서 ‘진秦나라 땅이 동쪽으로 하수에 이른다.’라고 했는데 대개 의씨猗氏의 왕관王官은 이곳을 말한 것이다.

【正義】 郊音郊 左傳作郊 杜預云 書取 言易也 括地志云 王官故城在同州澄城縣西北九十里 又云南郊故城在縣北十七里 又有北郊故城 又有西郊古城 左傳云文公三年 秦伯伐晉 濟河焚舟 取王官及郊也 括地志云 蒲州猗氏縣南二里又有王官故城 亦秦伯取者 上文云 秦地東至河 蓋猗氏王官是也

② 茅津모진

집해 서광은 “대양大陽에 있다.”라고 했다.

【集解】 徐廣曰 在大陽

정의 《괄지지》에 “모진茅津은 섬주陝州 하북현河北縣과 대양현大陽縣에 있다.”라고 했다.

【正義】 括地志云 茅津在陝州河北縣 大陽縣也

③ 渡河도하

모진茅津 남쪽으로부터 하수(황하)를 건너는 것이다.

【正義】 自茅津南渡河也

④ 封殽中尸봉효중시

집해 가규賈逵는 '봉식지封識之'라고 했다.

【集解】 賈逵曰 封識之

정의 《좌전》에는 "진秦나라의 백작이 진晉나라를 정벌하게 해서 하수를 건너서 배를 불태웠으나 진晉나라 사람들이 나오지 않자 비로소 모진茅津에서 하수를 건너 효산殽山 전역에서 죽은 시체를 매장하고 돌아갔다."라고 했다. 두예는 "봉封은 '매장한다'는 뜻이다."라고 했다.

【正義】 左傳云 秦伯伐晉 濟河焚舟 晉人不出 遂自茅津濟 封殽尸而還 杜預云 封 埋藏也

이에 군사들에게 맹세해 말했다.

"아! 군사들이여. 떠들지 말고 들을지어다. 나는 너희들에게 고해 맹세하노라. 옛 사람들은 누런 머리털의 노인들과[1] 상의해서 과실이 없었노라."

목공은 건숙과 백리해의 계책을 받아들이지 않은 것을 거듭 후회하고 이 맹세문을 지어서 후세에 자신의 과실을 기억하게 했다. 군자君子가 이를 듣고 모두 눈물을 흘리면서 말했다.

"아아! 진목공이 사람을 대할 준비가 되었구나.[2] 마침내 맹명시孟明視의 경사를 얻었다."

乃誓於軍曰 嗟士卒 聽無譁 余誓告汝 古之人謀黃髮番番[1] 則無所過 以申思不用蹇叔 百里傒之謀 故作此誓 令後世以記余過 君子聞之 皆爲垂涕 曰嗟乎 秦繆公之與人周也[2] 卒得孟明之慶

① 黃髮番番황발파파

정의 番는 발음이 '파婆'이다. 글자는 마땅히 '파皤'(머리카락이 흴 파)자가 되어야 한다. 파皤는 머리가 흰 모습이다. 머리카락이 하얗게 되었다가 다시 누렇게 된 것을 말한 것이다. 그러므로 황발黃髮이 파파番番하다고 한 것은 건숙蹇叔과 백리해百里奚를 말한 것이다.

【正義】 音婆 字當作皤 皤 白頭貌 言髮白而更黃 故云黃髮番番 謂蹇叔 百里奚也

황발黃髮은 누런 빛의 머리털을 가진 70~80대의 노인을 가리킨다.

② 周也주야

복건은 "주周는 '갖추다備'라는 뜻이다."라고 했다.

【集解】 服虔曰 周 備也

37년 진秦나라에서 유여의 계책을 사용해 융왕을 정벌하고 12개의 나라를 더해 천 리의 땅을 열고[1] 드디어 서융西戎의 패자가 되었다. 천자가 소공召公 과過를 보내 목공에게 금고金鼓를 주어 하례했다. 39년 목공이 죽어 옹雍 땅에 장사를 치렀다.[2] 목공을 따라 죽은 자는 177명이었는데, 진秦나라의 훌륭한 신하 자여씨子輿氏 3명도 함께했다. 그들의 이름은 엄식奄息과 중항仲行과 겸호鍼虎였는데 역시 따라 죽는 사람 중에 들어있었다.[4]

三十七年 秦用由余謀伐戎王 益國十二 開地千里[1] 遂霸西戎 天子使召公過賀繆公以金鼓 三十九年 繆公卒 葬雍[2] 從死者百七十七人 秦之良臣子輿氏三人[3] 名曰奄息 仲行 鍼虎 亦在從死之中[4]

---

① 益國十二 開地千里익국십이개지천리

정의 한안국韓安國은 "진목공秦穆公의 도읍과 지방地方이 300리였
는데 14개국을 병탄하고 천 리 땅을 열었다."라고 했다. 농서隴西와 북
지군北地郡이 이곳이다.

【正義】 韓安國云 秦穆公都地方三百里 并國十四 辟地千里 隴西 北地郡
是也

② 葬雍장옹

집해 《황람》에는 "진목공秦穆公의 무덤은 탁천궁橐泉宮 기년관祈年
觀 아래에 있다."라고 했다.

【集解】 皇覽曰 秦繆公冢在橐泉宮祈年觀下

정의 《황람》〈묘기廟記〉에 "탁천궁橐泉宮은 진효공秦孝公이 지었다.
기년관紀年觀은 덕공德公이 일으켰다. 대개 옹주雍州 성안에 있다."라고
했다. 《괄지지》에 "진목공총秦穆公冢은 기주岐州 옹현雍縣 동남쪽 2리
에 있다."라고 했다.

【正義】 廟記云 橐泉宮 秦孝公造 祈年觀 德公起 蓋在雍州城內 括地志云
秦穆公冢在岐州雍縣東南二里

③ 良臣子輿氏三人양신자여씨삼인

정의 모장毛萇은 "양良은 '착하다善'는 뜻이다. 세 사람의 선신善臣
(착한 신하)이다."라고 했다. 《좌전》에는 "자거씨子車氏 3인이다."라고 했

다. 두예는 "자거子車는 진秦나라 대부이다."라고 했다.

【正義】 毛萇云 良 善也 三善臣也 左傳云 子車氏之三子 杜預云 子車 秦大夫也

④ 奄息仲行鍼虎亦在從死之中엄식중항겸호역재종사지중

정의　行은 '항[胡郎反]'으로 발음한다. 鍼은 '겸[其廉反]'으로 발음한다. 응소는 "진목공이 여러 신하들과 함께 술을 마시다가 술기운이 오르자 공公이 말하기를 '살아서는 이 즐거움을 함께하고 죽어서도 이 슬픔을 함께할 것이다.'라고 하자 이에 엄식奄息, 중항仲行, 겸호鍼虎가 허락했다. 목공이 흥薨(제후가 죽음)에 이르자 모두 따라 죽었다. '황조시黃鳥詩'가 이래서 만들어졌다."라고 했다. 두예는 "사람으로 장례를 치르는 것이 순殉이다."라고 했다. 《괄지지》에 "삼량총三良冢은 기주岐州 옹현雍縣 1리 고성故城 안에 있다."라고 했다.

【正義】 行音胡郎反 鍼音其廉反 應劭云 秦穆公與羣臣飮酒酣 公曰 生共此樂 死共此哀 於是奄息 仲行 鍼虎許諾 及公薨 皆從死 黃鳥詩所爲作也 杜預云 以人葬爲殉也 括地志云 三良冢在岐州雍縣一里故城內

진秦나라 사람들이 이를 애처롭게 여겨 '황조시黃鳥詩'를 지어 노래했다. 군자君子는 말했다.

"진나라 목공이 영토를 넓히고 속국을 보탰다. 동쪽으로는 강한 진晉나라를 굴복시켰고, 서쪽으로는 융적을 제패制霸했다. 그러나 제후들의 맹주가 되지 못했으니 또한 마땅하지 않겠는가? 죽은 뒤에 백성을 버리고 훌륭한 신하들을 거두어 따라 죽게 했기 때문이다. 또 선왕들은 죽으면서 덕을 남기고 법과 제도를 물려주었는데, 하물며 착한 사람과 훌륭한 신하를 산 채로 죽였으니, 백성들이 슬퍼하지 않으랴. 이로써 진秦은 다시 동쪽을 정벌할 수 없음을 알았다."

목공의 아들은 40명이었는데 그의 태자 앵罃이 목공 뒤를 계승해 즉위했는데 이이가 강공康公이다.

秦人哀之 爲作歌黃鳥之詩 君子曰 秦繆公廣地益國 東服彊晉 西霸戎夷 然不爲諸侯盟主 亦宜哉 死而弃民 收其良臣而從死 且先王崩 尚猶遺德垂法 況奪之善人良臣百姓所哀者乎 是以知秦不能復東征也 繆公子四十人 其太子罃代立 是爲康公

강공 원년 지난해 목공이 죽었을 때 진양공晉襄公도 죽었다. 진
양공晉襄公의 아우 이름은 옹雍인데 진秦에서 태어나[1] 진秦나라
에 있었다. 진晉나라 조돈趙盾이 그를 세우려고 수회隨會를[2] 시
켜 옹雍을 맞이하게 하자 진秦나라는 군사들을 보내 영호令狐까
지[3] 이르게 했다. 진晉나라에서 양공의 아들을 세워 진秦나라
군사들을 반격하자 진秦나라 군사들이 무너지고 수회隨會는 진
秦나라로 도망쳐 왔다.

康公元年 往歲繆公之卒 晉襄公亦卒 襄公之弟名雍 秦出也[1] 在秦
晉趙盾欲立之 使隨會[2]來迎雍 秦以兵送至令狐[3] 晉立襄公子而反
擊秦師 秦師敗 隨會來奔

① 雍秦出옹진출

정의 옹雍의 어머니는 진秦나라 여자다. 그래서 진나라에서 났다秦
出고 했다.

【正義】 雍母秦女 故言秦出也

② 隨會수회

정의 위소韋昭는 "진晉나라 정경正卿 사위士蒍의 손자이자 성백成伯
의 아들 계무자季武子이다. 수범隨范 땅을 식읍食邑으로 받았다. 그러므

로 수회隨會라고 하고 혹 범회范會라고도 한다. 계季는 범자范子의 자字
이다.

【正義】 韋昭云 晉正卿士蒍之孫 成伯之子季武子也 食采於隨范 故曰隨會
或曰范會 季 范子字也

③ 令狐영호

집해 두예는 "하동河東에 있다."라고 했다.
【集解】 杜預曰 在河東

정의 《괄지지》에 "영호令狐 고성은 포주蒲州 의지현猗氏縣의 경내 15
리에 있다."라고 했다.
【正義】 令音零 括地志云 令狐故城在蒲州猗氏縣界十五里也

2년 진秦나라에서 진晉나라를 정벌해 무성武城을[1] 빼앗아서 영호令狐의 패전에 보복했다. 4년 진晉나라에서 진秦나라를 정벌하고 소량少梁을[2] 빼앗았다. 6년 진秦나라에서 진晉나라를 정벌해 기마羈馬를[3] 빼앗았다. 또 하곡河曲에서 싸워 진晉나라 군사를 크게 무너뜨렸다. 진晉나라 사람들은 수회가 진秦나라에 있으면서 난亂을 일으킬까 근심했다. 이에 위수여魏讎餘를[4] 수회에게 보내 진晉나라를 배반했다고 거짓말을 시켜[5] 수회와 모반할 것을 합의하게 했다. 위수여가 속여서 수회의 동의를 얻자 수회는 마침내 진晉나라로 돌아갔다. 강공康公이 제후가 된 지 12년 만에 죽고 아들 공공共公이[6] 뒤를 이어 제후의 자리에 올랐다.

二年 秦伐晉 取武城[1] 報令狐之役 四年 晉伐秦 取少梁[2] 六年 秦伐晉 取羈馬[3] 戰於河曲 大敗晉軍 晉人患隨會在秦爲亂 乃使魏讎餘[4] 詳[5]反 合謀會 詐而得會 會遂歸晉 康公立十二年卒 子共公[6]立

① 武城무성

【正義】 《괄지지》에 "옛 무성武城은 일명 무평성武平城인데 화주華州 정현鄭縣 동북쪽 13리에 있다."라고 했다.
【正義】 括地志云 故武城一名武平城 在華州鄭縣東北十三里也

② 少梁소량

정의   앞에서 진秦나라에 들어갔다가 뒤에 진晉나라로 돌아왔는데
지금은 진秦나라에서 또 빼앗았다.
【正義】　前入秦 後歸晉 今秦又取之

③ 羈馬기마

집해   복건은 "진晉나라 읍이다."라고 했다.
【集解】　服虔曰 晉邑也

④ 魏雔餘위수여

집해   복건은 "진晉나라 위읍魏邑 대부이다."라고 했다.
【集解】　服虔曰 晉之魏邑大夫

정의   雔는 '수受'라고 발음하고 또 '주犫(흰소 주)'라고도 쓰는데 발음
은 같다.
【正義】　雔音受 又作犫 音同

⑤ 詳상

정의   詳은 '양羊'으로 발음한다.
【正義】　詳音羊

거짓이란 뜻이다. 즉 상詳은 '상佯'이다.

⑥ 共公공공

공공共公의 이름은 가貑이다. 10대十代 영공靈公까지는 또 모두 이름이 전해지지 않는다.

【索隱】 名貑 十代至靈公 又並失名

진晉이 세 나라로
나뉘다

공공共公 2년 진晉나라 조천趙穿이 그의 군주 영공靈公을 시해했다. 3년 초楚나라 장왕莊王이 강성해져 군사들을 북쪽으로 보내 낙읍雒邑까지 이르게 하고 주나라의 정鼎에 대해 물었다. 공공共公이 제후 지위에 오른 지 5년 만에 죽고 아들 환공桓公이 제후가 되었다.

共公二年 晉趙穿弑其君靈公 三年 楚莊王彊 北兵至雒 問周鼎 共公立五年卒 子桓公立

환공桓公 3년 진晉나라에서 진秦나라 장수 한 명을 패퇴시켰다.

10년 초나라 장왕이 정나라를 굴복시키고 북쪽으로 진晉나라 군사를 하수 위에서 무너뜨렸다. 이 당시에는 초나라가 패자覇者가 되어 제후들을 불러서 회맹會盟했다. 24년 진여공晉厲公이 처음 제후의 자리에 올라 진환공秦桓公과 하수를 끼고 회맹했다. 돌아온 진秦나라는 맹세를 배신하고 적翟과 모의해 진晉나라를 공격하려 했다. 26년 진晉나라에서 제후들을 인솔하고 진秦나라를 정벌하자 진秦나라 군대가 패주하자 추격해서 경수涇水까지 갔다가 돌아왔다. 환공이 제후가 된 지 27년 만에 죽고 아들 경공景公이[1] 뒤를 이었다.

桓公三年 晉敗我一將 十年 楚莊王服鄭 北敗晉兵於河上 當是之時, 楚霸 爲會盟合諸侯 二十四年 晉厲公初立 與秦桓公夾河而盟 歸而秦倍盟 與翟合謀擊晉 二十六年 晉率諸侯伐秦 秦軍敗走 追至涇而還 桓公立二十七年卒 子景公[1]立

[1] 景公경공

집해　서광은 《세본》에는 경공景公의 이름은 후백거后伯車이다"라고 했다.

【集解】　徐廣曰 世本云景公名后伯車也

경공景公 이하는 이름들이 또 뒤섞여 어지러워졌다. 〈시황본기〉에는 '희공僖公'으로 되어 있다.

【索隱】 景公已下 名又錯亂 始皇本紀作(哀)[僖]公

경공景公 4년 진晉나라의 난서欒書가 그의 군주 여공厲公을 시해했다. 15년 진秦나라에서 정나라를 구원하고 진晉나라의 군사를 역櫟 땅에서[1] 무너뜨렸다. 이때 진도공晉悼公이 맹주盟主가 되었다. 18년 진도공이 강성해져서 자주 제후들과 회맹하고 제후들을 인솔해서 진秦나라를 공격해 진군秦軍을 무너뜨렸다. 진秦나라 군사들이 달아나자 진晉나라 군사가 추격해서 드디어 경수涇水를 건너 역림棫林에[2] 이르렀다가 돌아왔다. 27년 경공景公이 진晉나라에 가서 평공平公과 맹약을 했지만 얼마 후에 배신했다.

景公四年 晉欒書弑其君厲公 十五年 救鄭 敗晉兵於櫟[1] 是時晉悼公爲盟主 十八年 晉悼公彊 數會諸侯 率以伐秦 敗秦軍 秦軍走 晉兵追之 遂渡涇 至棫林[2]而還 二十七年 景公如晉 與平公盟 已而背之

① 櫟역

집해 두예는 "진晉나라 땅이다"라고 했다.

【集解】 杜預曰 晉地也

《괄지지》에 "낙주洛州 양적현陽翟縣이 옛 역읍櫟邑이다."라고

했다.

【正義】 櫟音歷 括地志云 洛州陽翟縣 古櫟邑也

② 棫林역림

집해 서광은 "棫은 '역域'으로 발음한다."라고 했다. 배인이 조사해

보니 두예는 "진秦나라의 땅이다."라고 했다.

【集解】 徐廣曰 棫音域 駰案 杜預曰 秦地也

36년 초나라 공자公子 위圍가 그의 군주를 시해하고 스스로 왕
이 되었는데 이이가 영왕靈王이다. 진경공과 어머니가 같은 동생
후자겸后子鍼은① 경공의 총애를 받았다. 경공과 어머니가 같은
동생은 부유했는데 어떤 사람이 모함을 하자 죽임을 당할까 두
려워서 진晉나라로 달아났는데 재물을 실은 수레가 1,000대나
되었다.

三十六年 楚公子圍弑其君而自立 是爲靈王 景公母弟后子鍼①有寵
景公母弟富 或譖之 恐誅 乃奔晉 車重千乘

---

① 后子鍼후자겸

鍼은 '겸鉗'으로 발음한다.

【正義】 音鉗

진평공晉平公이 말했다.

"후자后子의 부유함이 이와 같은데 왜 스스로 망명했소?"

후자겸이 대답했다.

"진공秦公이 무도해서 죽일까 두려워 그가 죽은 뒤를 기다려 돌아가려는 것입니다."

39년 초영왕楚靈王이 강성해지자 제후들을 불러 신申 땅에서[1] 회맹하고 맹주盟主가 되어 제경봉齊慶封을 살해했다. 경공이 제후가 된 지 40년 만에 죽고 아들 애공哀公이[2] 즉위했다. 후자겸이 다시 진秦나라로 돌아왔다.

晉平公曰 后子富如此 何以自亡 對曰 秦公無道 畏誅 欲待其後世乃歸 三十九年 楚靈王彊 會諸侯於申[1] 爲盟主 殺齊慶封 景公立四十年卒 子哀公[2]立 后子復來歸秦

---

① 申신

정의 등주鄧州 남양현南陽縣 북쪽 30리에 있다.

【正義】 在鄧州南陽縣[北]三十里

② 哀公애공

색은 〈시황본기〉에 "필공驆公으로 되어 있다."라고 했다.
【索隱】 始皇本紀作驆公

애공哀公 8년 초楚나라 공자公子 기질弃疾이 영왕靈王을 시해하
고 스스로 왕이 되었는데 이이가 평왕平王이다. 11년 초평왕楚平
王이 와서 진秦나라 여인을 요구해 태자 건建의 아내로 삼으려고
했다. 진秦나라 여인이 초나라에 이르렀는데 아름답자 평왕 자
신이 취했다. 15년 초나라 평왕이 태자 건을① 죽이려고 하자 태
자 건이 도망쳤다. 이때 오자서伍子胥도 오吳나라로 달아났다. 진
晉나라의 공실公室(왕실)이 약해지고 육경六卿들이 강해지자 안
에서 서로 공격했는데 이 때문에 오래도록 진晉과 진秦이 서로
를 공격하지 않았다.

哀公八年 楚公子弃疾弑靈王而自立 是爲平王 十一年 楚平王來求
秦女爲太子建妻 至國 女好而自娶之 十五年 楚平王欲誅建① 建亡
伍子胥奔吳 晉公室卑而六卿彊 欲內相攻 是以久秦晉不相攻

---

① 建건

정의 태자 건建이 정鄭나라로 도망쳤는데 정나라에서 죽였다.

【正義】 太子建亡之鄭 鄭殺之

31년 오왕吳王 합려闔閭와 오자서伍子胥가 함께 초나라를 정벌하자 초나라 왕이 수隨 땅으로 도망쳐 오吳나라가 드디어 영郢(초나라 수도로서 현재 호북성湖北省 형주荊州 북면리성北面離城 5~8리 지점으로 비정)땅까지 들어갔다. 초나라 대부인 신포서申包胥가① 진秦나라에 와서 위급한 상황을 알리고는 7일 동안 음식을 먹지 않고 낮밤으로 울면서 하소연했다.② 이에 진秦나라에서 500승乘의 전차를 발동시켜 초나라를 구원하러 가서③ 오나라의 군대를 무너뜨렸다. 오나라 군대가 돌아가자 초소왕楚昭王이 다시 영郢으로 들어갈 수 있었다. 애공이 제후가 된 지 30년 만에 죽었다. 태자는 이공夷公이었는데, 이공은 일찍 죽어서 제후 자리를 얻지 못하고 이공의 아들이 즉위하니 이이가 혜공惠公이다.

三十一年 吳王闔閭與伍子胥伐楚 楚王亡奔隨 吳遂入郢 楚大夫申包胥①來告急 七日不食 日夜哭泣② 於是秦乃發五百乘救楚③ 敗吳師 吳師歸 楚昭王乃得復入郢 哀公立三十六年卒 太子夷公 夷公蚤死 不得立 立夷公子 是爲惠公

① 申包胥신포서

정의   포서包胥의 성姓은 공손公孫인데 신申 땅에 봉해졌기에 신포서

申包胥라고 불렀다.《좌전》에 "신포서는 진秦나라에 가서 군사를 내줄 것을 요청하며 말하기를 '오吳나라가 큰 돼지나 긴 뱀처럼 상국上國(월나라)을 먹어 치우는데 오나라의 포학은 초나라에서 시작되었습니다. 우리 군주께서는 사직을 지키지 못하고 잡초 우거진 땅으로 옮겨 지내고 계시면서, 아래 신하인 저로 하여금 급하게 알리게 했습니다. (우리 군주께서는) 오랑캐(오吳나라)의 덕은 욕심에 한이 없어 만약 (우리 초나라를 점령해서) 군주에게 이웃이 된다면 국경의 근심거리가 될 것입니다. 오나라가 아직 우리(초나라)를 완전히 평정하지 못하고 있는 동안에 군주께서 초나라의 땅을 나누어 가지십시오. 만약 초나라가 완전히 멸망한다면 군주께서 점령한 땅은 곧 군주의 영토가 될 것이고, 만약 군주의 덕택으로 초나라가 무사하게 된다면 대대로 군주로 섬길 것입니다.'라고 하셨습니다."라고 했다.

【正義】 包胥姓公孫 封於申 故號申包胥 左傳云 申包胥如秦乞師 曰 吳爲封豕長蛇 以荐食上國 虐始於楚 寡君失守社稷 越在草莽 使下臣告急曰 夷德無厭 若鄰於君 疆場之患也 逮吳之未定 君其取分焉 若楚之逐亡 君之土也 若以君靈撫之 世以事君

② 七日不食日夜哭泣칠일불식일야곡읍

정의 《좌전》에 "신포서가 진백秦伯에게 대답하기를 '우리 군주께서 지금 잡초가 우거진 땅으로 옮겨가셔서 엎드릴 곳도 차지하지 못했는데 아래 신하인 제가 어찌 감히 편안한 곳에 있겠습니까?'라고 말을 마치고 궁정의 담장에 기대서서 통곡했는데, 날밤으로 그치지 않았고 물 한

모금도 마시지 않기를 7일이었다. 그 모습을 본 진애공秦哀公이 무의편無衣篇의 시를 읊자 신포서는 아홉 번 머리를 땅에 조아리고 나서 앉았다. 진나라의 군사가 이에 출동했다."라고 했다.

【正義】 左傳云 申包胥對秦伯曰 寡君越在草莽 未獲所伏 下臣何敢卽安 立依於庭牆而哭 日夜不絶聲 勺飮不入口 七日 秦哀公爲賦無衣 九頓首而坐 秦師乃出

③ 發五百乘救楚발오백승구초

정의 《좌전》 노정공魯定公 5년에 진秦나라 자포子蒲와 자호子虎가 전차 500대로써 초나라를 구원하러 가서 오吳나라 군사를 군상軍祥에서 무너뜨렸다.

【正義】 左傳魯定公五年 秦子蒲 子虎帥車五百乘以救楚 敗吳師於軍祥

혜공惠公 원년, 공자孔子가 노나라에서 재상이 되었다. 5년 진晉나라 경卿인 중항씨中行氏와 범씨范氏가 진晉나라를 배반했다. 진晉나라에서 지씨智氏와 조간자趙簡子를 시켜 공격하게 하자 범씨와 중항씨는 제나라로 도망갔다. 혜공이 제후가 된 지 10년 만에 죽고 아들 도공悼公이 뒤를 이어 섰다.

惠公元年 孔子行魯相事 五年 晉卿中行 范氏反晉 晉使智氏 趙簡子攻之 范 中行氏亡奔齊 惠公立十年卒 子悼公立

범씨와 중항씨는 패하여 조가朝歌로 달아났다가 나중에 도공悼公 2년에 제나라로 다시 달아났다.

도공悼公 2년 제齊나라 신하 전걸田乞이 그의 군주 유자孺子를 시해하고 그 형 양생陽生을 세웠는데 이이가 도공悼公이다. 6년 오나라 군사가 제나라 군사를 무너뜨렸다. 제나라 사람이 도공을 시해하고 그의 아들 간공簡公을 세웠다. 9년 진晉나라 정공定公이 오왕吳王 부차夫差와 회맹하면서 우두머리가 되기 위해 황지黃池에서 다투었는데 마침내 오나라가 먼저 맹주가 되었다.[①] 오나라가 강성해지자 중국을 업신여겼다.

悼公二年 齊臣田乞弑其君孺子 立其兄陽生 是爲悼公 六年 吳敗齊師 齊人弑悼公 立其子簡公 九年 晉定公與吳王夫差盟 爭長於黃池 卒先吳[①] 吳彊 陵中國

---

① 先吳선오

집해 서광은 "《외전外傳》에는 오왕吳王이 먼저 마셨다歃"라고 했다.

【集解】 徐廣曰 外傳云吳王先歃

신주 회맹 때 언약의 표시로 희생犧牲의 피를 먹거나 입가에 바르는 것을 삽혈歃血이라고 한다. 《외전》은 《국어》를 말한다.

12년 제나라 전상田常이 간공簡公을 시해하고 그의 아우 평공平
公을 세웠다. 전상은 재상이 되었다. 13년 초나라가 진陳나라를
멸망시켰다. 진秦나라 도공悼公이 제후 자리에 오른 지 14년 만
에 죽고 아들 여공공厲共公이 즉위했다. 공자孔子가 도공悼公 12
년에 죽었다.

十二年 齊田常弑簡公 立其弟平公 常相之 十三年 楚滅陳 秦悼公立
十四年卒 子厲共公立 孔子以悼公十二年卒

여공공勵共公 2년 촉蜀 땅 사람이 와서 재물을 바쳤다. 16년 하수의 곁에 해자를 팠다. 군사 2만 명으로 대려大荔를 정벌하고 그 왕성을 빼앗았다.[1] 21년 처음으로 빈양頻陽을[2] 현縣으로 삼았다. 진晉나라에서 무성武成을 빼앗아갔다. 24년 진晉나라에 내란이 일어나 지백智伯을 죽이고 그 나라를 조趙·위魏·한韓 세 나라가 나누어 가졌다. 25년 지개智開가 읍邑 사람들과 함께 진秦나라로 달아났다.[3] 33년 의거義渠를 정벌하고 그 왕을 사로잡았다.[4] 34년 일식이 있었다. 여공공이 죽고 아들 조공躁公이 제후 자리에 올랐다.

勵共公二年 蜀人來賂 十六年 塹河旁 以兵二萬伐大荔 取其王城[1]
二十一年 初縣頻陽[2] 晉取武成 二十四年 晉亂 殺智伯 分其國與
趙 韓 魏 二十五年 智開與邑人來奔[3] 三十三年 伐義渠 虜其王[4]
三十四年 日食 勵共公卒 子躁公立

① 大荔取其王城대려취기왕성

[집해] 서광은 "지금의 임진臨晉이다. 임진에 왕성王城이 있다."라고 했다.
【集解】 徐廣曰 今之臨晉也 臨晉有王城

[정의] 荔는 '려戾'로 발음한다. 《괄지지》에 "동주同州 동쪽 30리의 조읍현朝邑縣 동쪽 30보步에 옛 왕성王城이 있다. 대려大荔는 왕성王城에 가까이에 있는 읍이다."라고 했다.

【正義】　荔音戾 括地志云 同州東三十里朝邑縣東三十步故王城 大荔近王
城邑

② 頻陽빈양

집해　〈지리지〉에 "풍익馮翊에 빈양현頻陽縣이 있다."라고 했다.
【集解】　地理志馮翊有頻陽縣

정의　《괄지지》에 "빈양의 고성은 옹주雍州 동관현同官縣 경계에 있
는 옛 빈양현성이다."라고 했다.
【正義】　括地志云 頻陽故城在雍州同官縣界 古頻陽縣城也

③ 二十五年智開與邑人來賁이십오년지개여읍인래분

집해　서광은 "다른 책에는 26년에 남정南鄭에 성을 쌓았다"라고
했다.
【集解】　徐廣曰 一本二十六年城南鄭也

정의　개개開는 지백智伯의 아들이다. 지백이 조양자趙襄子 등에게 당
해서 나라가 멸망하자 그의 아들이 따르는 무리들과 함께 진秦나라로
달아난 것이다.
【正義】　開 智伯子 伯被趙襄子等滅其國 其子與從屬來奔秦

④ 義渠虜其王의거노기왕

<u>집해</u> 응소는 "의거義渠는 북쪽 땅北地이다."라고 했다.

【集解】 應劭曰 義渠 北地也

<u>정의</u> 《괄지지》에 "영寧과 경慶 두 주州가 춘추시대와 전국시대에는 의거義渠가 되었는데 융국戎國 땅이었다."라고 했다.

【正義】 括地志云 寧 慶二州 春秋及戰國時爲義渠戎國之地也

조공 2년 남정南鄭이① 배반했다. 13년 의거義渠가 진秦나라를 공격해 위수 남쪽까지 이르렀다. 14년 조공이 죽고 그의 아우 회공懷公이② 제후 자리에 올랐다.

躁公二年 南鄭①反 十三年 義渠來伐 至渭南 十四年 躁公卒 立其弟 懷公②

---

① 南鄭남정

<u>정의</u> 남정南鄭은 지금은 양주梁州의 치소가 있는 현이다. 춘추시대 나 전국시대에는 그 땅이 초楚나라에 속해있었다.

【正義】 南鄭 今梁州所理縣也 春秋及戰國時 其地屬於楚也

② 懷公회공

색은 여공공厲共公의 아들이다. 소태자昭太子를 낳았는데 즉위하지 못하고 죽었다. 태자의 아들이 영공靈公이 되었다.

【索隱】 厲共公子也 生昭太子 未立而卒 太子之子 是爲靈公

회공懷公 4년 서장庶長 조조罷가① 대신들과 함께 회공을 포위하자 회공이 자살했다. 회공의 태자는 소자昭子인데 일찍 죽었다. 대신들이 태자 소자昭子의 아들을 세웠는데 이이가 영공靈公이다.② 영공은 회공의 손자다.

懷公四年 庶長罷①與大臣圍懷公 懷公自殺 懷公太子曰昭子 蚤死 大臣乃立太子昭子之子 是爲靈公② 靈公 懷公孫也

① 罷조

정의 長의 발음은 '장[丁丈反]'이고 罷의 발음은 '죠[竹遙反]'이다. 조罷는 사람 이름이다. 유백장은 '조潮'로 발음한다고 했다.

【正義】 長 丁丈反 罷 竹遙反 罷 人名也 劉伯莊音潮

② 靈公영공

헌공獻公을 낳았다.

【索隱】 生獻公也

영공靈公 6년 진晉나라에서 소량少梁에 성을 쌓자 이를 진秦나라에서 공격했다. 13년(실제 3년) 진秦나라에서 적고籍姑에[1] 성을 쌓았다. 영공이 죽었는데 아들 헌공獻公이[2] 즉위하지 못했다. 영공의 계부季父인 도자悼子를 세웠는데 이를 간공簡公이라고 했다. 간공은[3] 소자昭子의 아우이고 회공의 아들이다.

靈公六年 晉城少梁 秦擊之 十三年 城籍姑[1] 靈公卒 子獻公[2]不得立
立靈公季父悼子 是爲簡公 簡公[3] 昭子之弟而懷公子也

---

① 籍姑적고

《괄지지》에 "적고籍姑의 고성은 동주同州 한성현韓城縣 북쪽 35리에 있다."라고 했다.

【正義】 括地志云 籍姑故城在同州韓城縣北三十五里

② 獻公헌공

이름은 사습師隰이다.

【索隱】 名師隰

---

③ 簡公간공

[색은] 간공簡公은 소자昭子의 아우이고 회공의 아들이다. 간공은 회
공懷公의 아우이며 영공靈公의 계부季父이다. 〈시황본기〉에는 영공이
간공簡公을 낳았다고 했는데 오류다. 또 《기년紀年》에는 "간공簡公이 9
년에 죽고 다음에 경공敬公이 섰으며 12년에 졸하고 혜공惠公이 섰다."
라고 했다.

【索隱】 簡公 昭之弟而懷公子 簡公 懷公弟 靈公季父也 始皇本紀云靈公
生簡公 誤也 又紀年云簡公九年卒 次敬公立 十二年卒 乃立惠公

[신주] '간공은 회공의 아우이며 영공의 계부이다.'라는 주석은 쓸데
없다.

[정의] 유백장은 "간공이 소자昭子의 아우이고 회공의 아들이며 여공
厲公의 손자다"라고 했다. 지금 《진기秦記》에 간공簡公이 영공의 아들이
라고 한 것은 옮겨 적은 자의 오류이다.

【正義】 劉伯莊云簡公是昭子之弟 懷公之子 厲公之孫 今(史)[秦]記謂簡公
是(厲)[靈]公子者抄寫之誤

제2장

진秦나라가 크게 일어서다

상앙이 효공에게
등용되다

간공簡公 6년 관리에게 영을 내려 처음으로 검을 차게 했다.^① 낙수洛水에 해자를 만들었다. 중천重泉에^② 성을 쌓았다. 16년에 간공이 죽고^③ 아들 혜공惠公이 뒤를 이었다.

혜공惠公 12년 아들 출자出子가 태어났다. 13년 촉蜀을 정벌하고 남정南鄭을 빼앗았다. 혜공이 죽고 아들 출자出子가 뒤를 이어 즉위했다.

簡公六年 令吏初帶劍^① 塹洛 城重泉^② 十六年卒^③ 子惠公立

惠公十二年 子出子生 十三年 伐蜀 取南鄭 惠公卒 出子立

① 帶劍대검

정의 《춘추》에 관리가 각각 검劍을 찼다고 했다.

【正義】 春秋官吏各得帶劍

② 重泉중천

집해 〈지리지〉에 "중천현重泉縣은 풍익馮翊에 속해 있다."라고 했다.
【集解】 地理志重泉縣屬馮翊

정의 重의 발음은 '종[直龍]'이다. 《괄지지》에 "중천重泉 고성은 동주
同州 포성현蒲城縣 동남쪽 45리에 있다."라고 했다.
【正義】 重 直龍反 括地志云 重泉故城在同州蒲城縣東南四十五里也

③ 十六年卒십육년졸

집해 서광은 "표表에는 15년이다."라고 했다.
【集解】 徐廣曰 表云十五年也

출자出子 2년 서장庶長 개改가 영공靈公의 아들 헌공獻公을 하서河西에서 맞이해 세우고[1] 출자出子와 그의 어머니를 죽여 그 시체를 연못 속에 빠뜨렸다. 진秦나라는 옛날에 자주 군주를 바꿔서 군주와 신하의 관계가 어그러지고 어지러워졌다. 그래서 진晉나라가 다시 강성해져서 진秦나라의 하서河西 땅을[2] 빼앗았다.

出子二年 庶長改迎靈公之子獻公于河西而立之[1] 殺出子及其母 沈之淵旁 秦以往者數易君 君臣乖亂 故晉復彊 奪秦河西地[2]

① 河西而立之하서이립지

[정의] 서西란 진주秦州 서현西縣으로서 진秦나라 옛 땅이다. 당시 헌공獻公이 서현西縣에 있었으므로 맞이해서 세웠다.

【正義】 西者 秦州西縣 秦之舊地 時獻公在西縣 故迎立之

② 秦河西진하서

[정의] 앞에서 빼앗은 8개의 성城이다.

【正義】 奪前所上八城也

헌공獻公 원년① 군주를 따라 죽는 순장제殉葬制를 폐지시켰다. 2년 역양櫟陽에② 성을 쌓았다. 4년 정월 경인庚寅일에 효공孝公이 태어났다. 11년 주周의 태사太史 담儋이 헌공을 만나보고 말했다.

"주周나라는 옛날에 진국秦國과 하나였으나 갈라졌습니다. 갈라진 지 500년이면 다시 합해지고 합해진 지 17년이면 패왕霸王이 나타날 것입니다."

獻公元年① 止從死 二年 城櫟陽 ②四年正月庚寅 孝公生 十一年 周太史儋見獻公曰 周故與秦國合而別 別五百歲復合 合(七)十七歲而霸王出

① 元年원년

집해   서광은 "정유년丁酉年이다."라고 했다.
【集解】 徐廣曰 丁酉

② 櫟陽역양

집해   서광은 "수도를 옮긴 곳이며 지금의 만년萬年현이 이곳이다."라고 했다.
【集解】 徐廣曰 徙都之 今萬年是也

정의 《괄지지》에 "역양櫟陽 고성은 일명 만년성萬年城이라고 하는데 옹주雍州 동북쪽 120리에 있다. 한漢 7년 역양성의 안을 나누어 만년 현萬年縣으로 삼았는데 수문제隋文帝 개황開皇 3년에 수도를 용수천龍 首川으로 옮겼으니 지금의 경성京城이다. 만년을 고쳐 대흥현大興縣으로 삼았다. 당唐 무덕武德 원년에 또 만년이라고 고쳤는데 위치는 주州 동 쪽 7리에 있다."라고 했다.

【正義】 括地志云 櫟陽故城一名萬年城 在雍州東北百二十里 (櫟陽)漢七 年 分櫟陽城內爲萬年縣 隋文帝開皇三年 遷都於龍首川 今京城也 改萬年 爲大興縣 至唐武德元年 又改曰萬年 置在州東七里

16년 겨울에 복숭아꽃이 피었다. 18년 역양櫟陽에 황금비가 내 렸다.[①] 21년 진晉나라와 석문石門에서[②] 싸워 6만 명의 머리를 베었는데 천자天子가 보불黼黻[③]을 내려 치하했다. 23년 위진魏 晉과[④] 소량少梁에서 싸워 그 장수 공손좌公孫痤를 사로잡았다. 24년[⑤] 헌공이 죽고 아들 효공이[⑥] 뒤를 이어 즉위했는데 그의 나이가 이미 21세나 되었다.

十六年 桃冬花 十八年 雨金櫟陽[①] 二十一年 與晉戰於石門[②] 斬首六 萬 天子賀以黼黻[③] 二十三年 與魏晉[④]戰少梁 虜其將公孫痤 二十四 年[⑤] 獻公卒 子孝公[⑥]立 年已二十一歲矣

---

① 雨金櫟陽우금역양

정의　금비[金雨]가 진秦나라의 국도國都에 내렸는데 금金으로써 상서
로운 일이 밝게 나타날 것이라고 말한 것이다.

【正義】　言雨金於秦國都 明金瑞見也

② 石門석문

정의　《괄지지》에 "요문산堯門山을 속명俗名으로 석문石門이라고 하
는데 옹주雍州 삼원현三原縣 서북쪽 33리에 있다. 위에는 길이 있고 그
형상이 문門과 같다. 옛 노인이 이르기를 '요堯임금이 산을 파서 문을
만들어서 이런 이름이 생겼다'라고 했다. 당唐의 무덕武德년 간에 이 산
의 남쪽에 석문현石門縣을 설치하고 정관貞觀년 간에 고쳐 운양현雲陽縣
이라고 했다."라고 했다.

【正義】　括地志云 堯門山俗名石門 在雍州三原縣西北三十三里 上有路 其
狀若門 故老云堯鑿山爲門 因名之 武德年中於此山南置石門縣 貞觀年中
改爲雲陽縣

③ 黼黻보불

집해　《주례》에는 "흰 것과 검은 것이 함께 있는 것을 보黼라고 하고
검은 것과 푸른 것이 함께 있는 것을 불黻이라고 한다."라고 했다.

【集解】　周禮曰 白與黑謂之黼 黑與靑謂之黻

④ 魏晉위진

위진魏晉은 위魏나라를 뜻한다. 진晉나라는 지智씨, 위魏, 한韓, 조趙씨의 네 집안이 유력 호족이었는데, 지씨는 성姓이 희姬였다. 지양자智襄子로 불린 지요智瑤는 진晉의 패업을 회복하기 위해서 각자 봉읍封邑을 나라에 바치자고 했다. 한씨와 위씨는 동의했지만 조씨가 거부했다. 지양자는 한씨, 위씨와 연합해 조씨를 정벌하려 했으나 조씨에게 회유당한 한·위씨가 도리어 지씨를 공격하는 바람에 지씨는 멸망하고, 진晉나라는 위魏, 한韓, 조趙 세 나라로 나뉘어졌다. 위나라는 진晉나라의 일부였으므로 위진魏晉이라고 부른 것이다.

⑤ 二十四年이십사년

서광은 "〈표表〉에는 23년이다."라고 했다.
【集解】 徐廣曰 表云二十三年

⑥ 孝公효공

효공의 이름은 거량渠梁이다.
【索隱】 名渠梁

효공孝公 원년① 황하와 화산 동쪽에는 6개의 강대국이 있었다. 그들은 제나라 위왕威王, 초나라 선왕宣王, 위魏나라 혜왕惠王, 연나라 도후悼侯, 한韓나라 애후哀侯, 조나라 성후成侯 등으로 효공과 어깨를 나란히 했다. 회수淮水와 사수泗水 사이에는② 10여 개의 작은 나라가 있었다. 이들은 초楚와 위魏와 진秦과 함께 국경을 접하고 있었다.③

孝公元年① 河山以東彊國六 與齊威 楚宣 魏惠 燕悼 韓哀 趙成侯並 淮泗之閒② 小國十餘 楚 魏與秦接界③

① 元年원년

집해 서광은 "경신년庚申年이다."라고 했다.

【集解】 徐廣曰 庚申也

② 淮泗之間회사지간

정의 並의 발음은 '방[白浪反]'이다. 회수淮水와 사수泗水의 두 물을 이른 것이다.

【正義】 並 白浪反 謂淮泗二水

③ 楚魏與秦接界초위여진접계

초나라 북쪽과 위魏나라 서쪽은 진秦나라와 서로 접해 있었는데 북쪽은 양주梁州 한중군漢中郡부터 남쪽은 파巴와 유渝가 있고 강남江南을 지나면 검중黔中과 무군巫郡이 있다. 위魏나라 서쪽 국경은 진秦나라와 서로 접했는데 남쪽은 화주華州 정현鄭縣에 이르고 서북으로는 위수渭水를 지나서 낙수洛水 동쪽 언덕의 물가에 이르고 북쪽으로 향하면 상군上郡 부주鄜州 땅이 있는데 모두 장성長城을 쌓아 진나라의 국경으로 삼았다. 낙洛은 곧 칠저수漆沮水이다.

【正義】 楚北及魏西與秦相接 北自梁州漢中郡 南有巴 渝 過江南有黔中 巫郡也 魏西界與秦相接 南自華州鄭縣 西北過渭水 濱洛水東岸 向北有上 郡鄜州之地 皆築長城以界秦境 洛卽漆沮水也

위魏나라에서 장성長城을 쌓았는데, 정鄭 땅에서 낙수洛水 물가의 북쪽으로 상군上郡까지 이어졌다. 초楚나라는 한중漢中부터 남쪽의 파巴와 검중黔中까지 소유했다. 주나라 왕실이 미약해지자 제후들이 무력으로 정치를 하고 다투어가며 서로 합병했다. 진秦나라는 벽지인 옹주雍州에 있어서, 중국의 제후들이 회맹할 때 함께하지 않았고 이적夷翟으로 대우할 뿐이었다.

魏築長城 自鄭濱洛以北 有上郡 楚自漢中 南有巴 黔中 周室微 諸侯 力政 爭相幷 秦僻在雍州 不與中國諸侯之會盟 夷翟遇之

효공孝公이 이에 은혜를 배풀고 고아와 과부들을 구휼하고 전사
戰士들을 모집하면서 공로와 상을 명백하게 했다. 또 나라 안에
영을 내려 말했다.

"옛날 우리 목공께서는 기岐와 옹雍 사이에서부터 덕을 닦고 무
공을 행하셨다. 동쪽으로는 진晉나라의 내란을 평정하셔서 하
수까지 경계로 삼으셨다.① 서쪽으로는 융적戎翟의 패자가 되어
땅을 천 리나 확장하니 천자께서는 백伯이라고 치하하고 제후들
이 모두 하례를 했으니 후세를 위해 사업을 연 것이 매우 빛나고
아름다웠다. 그러나 지난 여공공厲共公·조공躁公·간공簡公·출
자出子의 시대에는 마침 나라가 편안하지 못해서 나라 안에 근
심이 있었으니 나라 밖의 일을 돌볼 겨를이 없었다.

孝公於是布惠 振孤寡 招戰士 明功賞 下令國中曰 昔我繆公自岐雍
之閒 修德行武 東平晉亂 以河爲界① 西霸戎翟 廣地千里 天子致伯
諸侯畢賀 爲後世開業 甚光美 會往者厲 躁 簡公 出子之不寧 國家內
憂 未遑外事

① 河爲界하위계

정의 곧 용문하龍門河이다.

【正義】 卽龍門河也

한나라·위나라·조나라의 삼진三晉은 우리 선군께서 넓히신 하서 땅을 빼앗아갔고, 제후들은 진나라를 비하했으니 그 추함이 이보다 큰 것이 없었다. 헌공께서 즉위하셔서 변경을 진무鎭撫하시고 수도를 역양으로 옮겨 다스렸으며 또 동쪽을 정벌해 목공 때의 옛 땅들을 되찾고 목공 때의 정령政令을 닦고자 하셨다. 과인이 선군들의 뜻을 생각하면 항상 마음이 아프다. 빈객들이나 여러 신하들이 진나라를 강력하게 만들 수 있는 기이한 계책을 낼 수 있다면 나는 관직을 높여 주고 토지도 나누어 줄 것이다." 이에 군대를 출동시켜 동쪽 섬성陝城을 포위하고 서쪽 융戎의 환왕獂王을[1] 참수했다.

三晉攻奪我先君河西地 諸侯卑秦 醜莫大焉 獻公即位 鎭撫邊境 徙治櫟陽 且欲東伐 復繆公之故地 脩繆公之政令 寡人思念先君之意 常痛於心 賓客羣臣有能出奇計彊秦者 吾且尊官 與之分土 於是乃出兵東圍陝城 西斬戎之獂王[1]

① 獂王환왕

집해 〈지리지〉에는 "천수天水에 환도현獂道縣이 있다."라고 했다. 응소는 "獂은 융戎족의 읍인데 '환桓'으로 발음한다."라고 했다.

【集解】 地理志天水有獂道縣 應劭曰 獂 戎邑 音桓

위앙衛鞅(상앙)은 이런 명령이 내려졌다는 소문을 듣고 서쪽으로 진秦나라에 들어가 경감景監을[1] 통해 효공孝公을 만나보기를 구했다.

2년 천자天子가 진秦나라에 제육胙을 보내왔다.

衛鞅聞是令下 西入秦 因景監[1]求見孝公

二年 天子致胙

① 景監경감

[정의] 監은 '감[甲暫反]'으로 발음한다. 엄인閹人(환관)이다.

【正義】 監 甲暫反 閹人也

3년 위앙(상앙)이 효공에게 법령을 바꾸고 형벌을 정비해 안으로는 농경農耕에 힘쓰게 하고 밖으로는 싸우다 죽은 자들의 상과 벌을 권장해야 한다고 설득했다. 효공이 좋은 계책이라고 여겼다. 감룡甘龍과 두지杜摯 등이 그렇지 않다고 여겨서 서로 논쟁을 벌였다. 마침내 위앙의 법령을 사용하게 되자 백성들이 고통스럽게 여겼다. 법령을 시행한 지 3년이 되자 백성이 편리하게 여겼다. 이에 상앙을 좌서장左庶長에 임명했다. 이 일은 〈상군열전〉에 기록되어 있다.

三年 衞鞅說孝公變法修刑 內務耕稼 外勸戰死之賞罰 孝公善之 甘龍 杜摯等弗然 相與爭之 卒用鞅法 百姓苦之 居三年 百姓便之 乃拜鞅爲左庶長 其事在商君語中

7년 위魏나라 혜왕惠王과 두평杜平에서[1] 회맹했다. 8년 위나라와 원리元里에서[2] 싸웠는데 공로가 있었다. 10년 위앙衞鞅이 대량조大良造가 되어 군사를 거느리고 위魏나라 안읍安邑을[3] 포위해 항복시켰다.

七年 與魏惠王會杜平[1] 八年 與魏戰元里[2] 有功 十年 衞鞅爲大良造 將兵圍魏安邑[3] 降之

① 杜平두평

정의 동주同州 징성현澄城縣 경계에 있다.
【正義】 在同州澄城縣界也

② 原里원리

정의 기성祁城인데 동주 징성현 경계에 있다.
【正義】 祁城在同州澄城縣界

③ 安邑안읍

집해 〈지리지〉에 "하동河東에 안읍현安邑縣이 있다."라고 했다.
【集解】 地理志曰河東有安邑縣

정의 《괄지지》에 "안읍安邑 고성은 강주絳州 하현夏縣의 동북쪽 15리에 있고 본래 하나라 도읍지이다."라고 했다.
【正義】 括地志云 安邑故城在絳州夏縣東北十五里 本夏之都

신주 훗날 진秦의 압력이 심해지자 위혜왕은 수도를 안읍安邑에서 대량大梁으로 옮긴다. 그런데 어찌 그보다 앞서 위나라 수도 대량을 항복시킨단 말인가? 〈위세가〉에 나오는 고양固陽이 맞다.

12년 함양咸陽에① 공사를 일으켜 기궐冀闕을② 건축하고 진나라
의 수도를 옮겼다. 여러 작은 향鄕과 취聚를 아울러서③ 큰 현縣
을 만들고 현마다 1명의 현령縣令을 두었는데④ 41개의 현이 있
었다. 또 논밭에 동서남북으로 길을 열었으며 동쪽의 땅은 낙수
洛水를 넘었다.

十二年 作爲咸陽① 築冀闕② 秦徙都之 并諸小鄕聚③ 集爲大縣 縣一
令④ 四十一縣 爲田開阡陌⑤ 東地渡洛

① 咸陽함양

정의　《괄지지》에 "함양咸陽 고성은 또한 이름이 위성渭城인데 옹주
雍州 함양현咸陽縣 동쪽 15리에 있으며 경성京城 북쪽 45리로서 곧 진
효공秦孝公이 도읍을 옮긴 곳이다. 지금은 함양현咸陽縣인데 옛날에는
두우杜郵였고 백기白起가 죽은 곳이다."라고 했다.

【正義】 括地志云 咸陽故城亦名渭城 在雍州咸陽縣東十五里 京城北
四十五里 卽秦孝公徙都之者 今咸陽縣 古之杜郵 白起死處

② 冀闕기궐

정의　유백장은 "기冀는 기사記事와 같고 궐闕은 곧 대궐문[象魏]이
다."라고 했다.

【正義】 劉伯莊云 冀猶記事 闕卽象魏也

③ 小鄕聚소향취

[정의] 1만 2,500가家가 향鄕이 되고 취聚는 촌락村落의 종류와 같다.

【正義】 萬二千五百家爲鄕 聚猶村落之類也

④ 縣一令현일령

[집해] 《한서》〈백관표百官表〉에는 "현령縣令이나 현장은 모두 진秦나라의 관직이다. 1만 호一萬戶 이상이 영令이 되는데 녹봉은 1,000석에서 600석에 이른다. 1만 호보다 적은 것이 장長이 되는데 녹봉은 500석에서 300석에 이른다. 모두 승丞과 위尉를 둔다."라고 했다.

【集解】 漢書百官表曰 縣令長皆秦官 萬戶以上爲令 秩千石至六百石 減萬戶爲長 秩五百石至三百石 皆有丞尉

⑤ 阡陌천맥

[색은] 《풍속통風俗通》에 이르기를 "남북南北을 천阡이라 하고, 동서東西를 맥陌이라고 한다. 하동에서는 동서를 천阡이라 하고 남북을 맥陌이라고 한다."라고 했다.

【索隱】 風俗通曰 南北曰阡 東西曰陌 河東以東西爲阡 南北爲陌

14년 처음으로 납세제도를 만들었다.[1] 19년 천자가 패자伯者(霸者)[2] 칭호를 내렸다. 20년 제후들이 모두 하례했다. 진秦나라는 공자 소관公子少官을 시켜 군사를 이끌고 제후들을 봉택逢澤에[3] 모이게 하고 천자에게 조회하게 했다.

十四年 初爲賦[1] 十九年 天子致伯[2] 二十年 諸侯畢賀 秦使公子少官 率師會諸侯逢澤[3] 朝天子

① 賦부

집해 서광은 "공부貢賦(세금)의 법을 제정한 것이다."라고 했다.
【集解】 徐廣曰 制貢賦之法也

색은 초주譙周는 "처음으로 군부軍賦(군대의 세금)를 만든 것이다."라고 했다.
【索隱】 譙周云 初爲軍賦也

② 伯패

정의 伯는 '패霸'로 발음한다. 또 패霸자의 뜻과 같다. 효공孝公 19년 천자가 처음으로 작위를 내려 패자霸者로 봉했다. 곧 태사담太史儋이 "(주나라와) 합쳐진 후 17년 후에 패왕霸王이 나올 것이다."라고 한 해인데, 그래서 천자가 패자로 치하했다. 환담桓譚의 《신론新論》에는 "대저 상고에는 삼황三皇과 오제五帝를 칭하고 다음에는 삼왕三王과 오패五伯가 있다고 했는데 이는 천하 군주의 으뜸가는 우두머리다. 그러므로 삼황三皇의 도리와 오제五帝가 덕화를 사용한 것을 말한 것이다. 삼왕三王은 인의로 말미암았지만 오패五伯는 권지權智를 사용했다. 그 설명에서 말하기를 '제령制令과 형벌이 없는 것을 황皇이라고 하고, 제령制令이 있지만 형벌은 없는 것을 제帝라고 이른다. 선한 자를 상주고 악한 자를 처단하고 제후들이 조회로 받드는 것을 왕王이라고 한다. 군사를 일으켜 맹약하고 신의信義로써 세상을 바로잡는 것을 패伯라고 이른다.'"라고 했다.

【正義】 伯音霸 又如字 孝公十九年 天子始封爵爲霸 卽太史儋云 合(七)十七歲而霸王出之年 故天子致伯 桓譚新論云 夫上古稱三皇 五帝 而次有三王 五伯 此天下君之冠首也 故言三皇以道理 而五帝用德化 三王由仁義 五伯以權智 其說之曰 無制令刑罰謂之皇 有制令而無刑罰謂之帝 賞善誅惡 諸侯朝事謂之王 興兵約盟 以信義矯世謂之伯

③ 逢澤봉택

집해 서광은 "개봉開封 동북쪽에 봉택逢澤이 있다."라고 했다.

【集解】 徐廣曰 開封東北有逢澤

정의 《괄지지》에 "봉택은 또한 이름이 봉지逢池인데 변주汴州 준의현浚儀縣 동남쪽 14리에 있다."라고 했다.

【正義】 括地志云 逢澤亦名逢池 在汴州浚儀縣東南十四里

21년 제나라가 마릉馬陵에서① 위魏나라를 무너뜨렸다.

22년 위앙이 위魏나라를 공격해 위나라 공자 앙印을 사로잡았다. 위앙을 봉해 열후列侯로 삼고 '상군商君'이라고 호칭했다.②

24년 진晉나라와 안문鴈門에서 싸워서 그 장수 위조魏錯를④ 사로잡았다.

二十一年 齊敗魏馬陵①

二十二年 衛鞅擊魏 虜魏公子卬 封鞅爲列侯 號商君②

二十四年 與晉戰鴈門③ 虜其將魏錯④

① 馬陵마릉

정의 우희虞喜의 《지림志林》에는 "복주濮州 견성현甄城縣 동북쪽 60리에 마릉馬陵이 있는데 간곡澗谷이 깊고 험준해 매복시킬 수가 있다."라고 했다. 조사해보니 방연龐涓이 무너진 곳이 곧 이곳이었다.

【正義】 虞喜志林云 濮州甄城縣東北六十餘里有馬陵 澗谷深峻 可以置伏 按 龐涓敗卽此也

② 商君상군

정의 상주商州 상락현商洛縣은 주州의 동쪽 89리에 있고 상앙商鞅이 봉해진 곳이다. 설契이 봉해진 땅이기도 하다.

【正義】 商州商洛縣在州東八十九里 鞅所封也 契所封地

③ 鴈門안문

색은 《기년》에는 "위魏나라와 안문岸門에서 싸웠다."라고 했는데 여기에서 '안문鴈門'이라고 한 것은 아마 발음이 잘못된 것 같다. 또 아래에 이르기를 "한나라가 안문岸門에서 무너졌다."라고 한 것은 아마 같은 땅일 것이다. 얼마 안 있어 진나라는 한·위와 함께 싸웠으니 멀리 안문鴈門까지 이르지 않는 것이 마땅하다.

【索隱】 紀年云 與魏戰岸門 此云鴈門 恐聲誤也 又下云敗韓岸門 蓋一地也 尋秦與韓 魏戰 不當遠至鴈門也

정의 《괄지지》에 "안문岸門은 허주許州 장두현長杜縣 서북쪽 28리에 있는데 지금 이름은 서무정西武亭이다."라고 했다.

【正義】 括地志云 岸門在許州長社縣西北二十八里 今名西武亭

④ 魏錯위초

정의 錯는 '초[七故反]'로 발음한다.

【正義】 七故反

효공이 죽자 아들 혜문군惠文君이[1] 뒤를 이어 즉위했다. 이 해에 위앙이 처형되었다. 위앙이 처음 진秦나라를 위해 변법變法을 시행했으나 법이 시행되지 못하고 있었는데 태자太子가 먼저 금령禁令을 범했다. 위앙이 말했다.

"법이 시행되지 않는 것은 귀족이나 왕의 친족들이 지키지 않기 때문입니다. 군주께서 법을 반드시 시행하시려면 태자에게 먼저 적용해야 합니다. 태자에게 경형黥刑을[2] 내릴 수는 없으니 태자의 사부師傅에게 경형黥刑을 내려야 합니다."

이에 변법變法이 크게 시행되어 진나라 사람들이 다스려졌다. 효공이 죽고 태자가 즉위하자 종실에서 위앙을 많이 원망하니 위앙이 도망쳤다. 이로 인해 반란죄가 되어 마침내 거열형車裂刑에 처해지고 진秦나라에 돌려 본보기로 삼았다.[3]

孝公卒 子惠文君[1]立 是歲 誅衛鞅 鞅之初爲秦施法 法不行 太子犯禁 鞅曰 法之不行 自於貴戚 君必欲行法 先於太子 太子不可黥[2] 黥其傅師 於是法大用 秦人治 及孝公卒 太子立 宗室多怨鞅 鞅亡 因以爲反 而卒車裂以徇[3]秦國

① 惠文君혜문군

색은 혜문군의 이름은 '사駟'이다.

【索隱】 名駟

② 黥경

신주 경형黥刑을 말한다. 오형五刑의 하나로 이마나 팔뚝에 먹으로 형벌을 쓰던 형벌이다. 묵형墨刑과 같다. 앞《주본기》 오형조 참조.

③ 法大用법대용

집해 《한서》에 "상군商君(앙鞅)이 진나라의 법을 만들었는데 전쟁에서 적군의 머리 하나를 베어 오면 작위 1급一級을 주고 관리가 되고자 하는 자는 50석五十石의 녹봉이 되게 했다. 그 작위의 명칭은 첫 번째가 공사公士이고 두 번째는 상조上造, 세 번째는 잠뇨簪裹, 네 번째는 불갱不更, 다섯 번째는 대부大夫, 여섯 번째는 관대부官大夫, 일곱 번째는 공대부公大夫, 여덟 번째는 공승公乘, 아홉 번째는 오대부五大夫, 열 번째는 좌서장左庶長, 열한 번째는 우서장右庶長, 열두 번째는 좌경左更, 열세 번째는 중경中更, 열네 번째는 우경右更, 열다섯 번째는 소상조少上造, 열여섯 번째는 대상조大上造, 열일곱 번째는 사거서장駟車庶長, 열여덟 번째는 대서장大庶長, 열아홉 번째는 관내후關內侯, 스무 번째는 철후撤侯이다."라고 했다.

【集解】 漢書曰 商君爲法於秦 戰斬一首賜爵一級 欲爲官者五十石 其爵名 一爲公士 二上造 三簪裹 四不更 五大夫 六官大夫 七公大夫 八公乘 九五大夫 十左庶長 十一右庶長 十二左更 十三中更 十四右更 十五少上造 十六大上造 十七駟車庶長 十八大庶長 十九關內侯 二十徹侯

진秦나라에서도
왕이라고 칭하다

혜문군 원년에 초楚나라, 한韓나라, 조趙나라, 촉蜀나라 사람들
이 와서 조회했다. 2년 천자가 치하했다. 3년 왕王이 관례冠禮를
행했다.[①] 4년 천자가 문왕과 무왕의 제사를 지낸 제육을 보내왔
다. 제齊나라와 위魏나라에서도 왕王이라고 칭했다.[②]

惠文君元年 楚 韓 趙 蜀人來朝 二年 天子賀 三年 王冠[①] 四年 天子
致文武胙 齊 魏爲王[②]

① 王冠왕관

정의   冠은 '관館'으로 발음한다. 《예기》에 "나이 20세에 관례冠禮를
행한다."라고 했다.

【正義】 冠音館 禮記云年二十行冠禮也

② 齊魏爲王제위위왕

색은 제위왕齊威王과 위혜왕魏惠王이다.

【索隱】 齊威王 魏惠王

5년 음진陰晉 사람 서수犀首를① 대량조大良造로 삼았다. 6년 위
魏나라에서 음진을 진나라에 헌납하자 음진의 이름을 영진寧秦
이라고② 고쳤다. 7년 공자 앙卬이 위나라와 싸워서 그의 장군
용고龍賈를 사로잡고 8만 명의 목을 베었다.

五年 陰晉人犀首①爲大良造 六年 魏納陰晉 陰晉更名寧秦② 七年 公
子卬與魏戰 虜其將龍賈 斬首八萬

---

① 犀首서수

집해 서수犀首는 관직 이름이다. 성은 공손公孫이고 이름은 연衍이다.

【集解】 犀首 官名 姓公孫 名衍

색은 서수는 관직 이름이고 호아虎牙(호랑이 이빨) 종류와 같은 것이
다. 성은 공손公孫이고 이름은 연衍이며 위魏나라 사람이다.

【索隱】 官名 若虎牙之類 姓公孫 名衍 魏人也

정의　犀의 발음은 '서西'다. 〈지리지〉에 "화음현華陰縣은 옛 음진陰晉으로서 진혜왕秦惠王 5년에 다시 이름을 영진寧秦으로 바꾸었고 고조高祖 8년에 다시 이름을 화음華陰으로 고쳤다."라고 했다.

【正義】 犀音西 地理志云華陰縣 故陰晉 秦惠王五年 更名寧秦 高祖八年 更名華陰

② 寧秦영진

집해　서광은 "지금의 화음華陰이다."라고 했다.

【集解】 徐廣曰 今之華陰也

8년 위魏나라에서 하서河西 땅을 헌납했다. 9년 하수를 건너 분음汾陰과 피지현皮氏縣을[1] 빼앗았다. 위왕魏王과 응應에서[2] 회맹했다. 초焦 땅을[3] 포위해 항복을 받았다.

八年 魏納河西地 九年 渡河 取汾陰 皮氏[1] 與魏王會應[2] 圍焦[3] 降之

---

① 汾陰皮氏분음피씨

정의　〈지리지〉에는 분음汾陰과 피지皮氏의 두 현이 하동河東에 소속돼있다.

【集解】 地理志二縣屬河東

하동河東을 건너서 취했다.《괄지지》에 "분음 고성은 세속에서 은탕성殷湯城이라고 부르는데 포주蒲州 분음현汾陰縣 북쪽에 있다. 피지현은 강주絳州 용문현龍門縣 서쪽 1리 80보步에 있는데 곧 옛날 피지성이다."라고 했다.

【正義】 渡河東取之 括地志云 汾陰故城俗名殷湯城 在蒲州汾陰縣北也 皮氏在絳州龍門縣西一里八十步 卽古皮氏城也

② 應응

정의 《괄지지》에 "옛 응성應城은 응산應山을 따라서 이름 지었는데 옛날 응국應國이며 여주汝州 노산현魯山縣 동쪽 30리에 있다."라고 했다.《좌전》에 "우邘·진晉·응應·한韓은 무왕武王의 후손들을 봉한 나라이다."라고 했다.

【正義】 應 乙陵反 括地志云 故應城因應山爲名 古之應國 在汝州魯山縣東三十里 左傳云 邘 晉 應 韓 武之穆也

③ 焦초

정의 《괄지지》에 "초성焦城은 섬주陝州 성내의 동북쪽 100보에 있는데 초수焦水를 따라 이름을 지었다. 주周나라의 동성을 봉했다."라고 했다.《좌전》에는 "우虞·곽虢·초焦·활滑·곽霍·양陽·한韓·위魏는 모두 희성姬姓이다."라고 했다. 두예는 "8개국을 모두 진晉나라에서 멸했다."라고 했다. 조사해보니 무왕武王이 상商나라를 이기고 신농神農의 후예를 초焦에 봉했다가 뒤에 희성姬姓으로 봉했다.

【正義】 括地志云 焦城在陝州城內東北百步 因焦水爲名 周同姓所封 左傳 云虞 虢 焦 滑 霍 陽 韓 魏皆姬姓也 杜預云八國皆爲晉所滅 按 武王克商 封 神農之後于焦 而後封姬姓也

10년 장의張儀가 진나라 재상이 되었다. 위魏나라에서 상군上郡 15개 현을 헌납했다.[①] 11년 의거義渠를[②] 현으로 삼았다. 위魏나라에 초焦와 곡옥曲沃을[③] 돌려주었다. 의거義渠의 군주는 신하가 되었다. 소량少梁의 이름을 다시 고쳐서 하양夏陽이라고 했다.

十年 張儀相秦 魏納上郡十五縣[①] 十一年 縣義渠[②] 歸魏焦 曲沃[③] 義渠君爲臣 更名少梁曰夏陽

---

① 上郡十五縣상군십오현

정의 지금의 부鄜, 수綏 등의 주이다. 위魏나라에서 앞에 음진陰晉을 바치고 다음에 동同과 단丹 두 주를 헌납하고 지금 상군上郡을 헌납해서 하서河西 물가인 낙洛의 땅을 다 바쳤다.

【正義】 今鄜 綏等州也 魏前納陰晉 次納同 丹二州 今納上郡 而盡河西濱 洛之地矣

② 義渠의거

정의 〈지리지〉에 "북지군北地郡 의거도義渠道는 진현秦縣이다."라고
했다. 《괄지지》에 "영주寧州·원주原州·경주慶州 3개 주는 진秦나라의
북지군北地郡이고 전국시대와 춘추시대에는 의거義渠였는데 융국戎國
의 땅이었다. 주나라 선조인 공유公劉와 불줄不窋이 살았으며 옛날 서
융西戎이었다."라고 했다.

【正義】 地理志云北地郡義渠道 秦縣也 括地志云 寧 原 慶三州 秦北地郡
戰國及春秋時爲義渠戎國之地 周先公劉 不窋居之 古西戎也

③ 曲沃곡옥

정의 《괄지지》에 "곡옥曲沃은 섬주陝州 섬현陝縣 서남쪽 32리에 있
으며 곡옥수曲沃水를 따라서 이름을 지었다."라고 했다. 상고해보니 초
焦와 곡옥曲沃 두 성이 서로 가까워 본래는 위나라 땅인데 마침 진나라
에 소속되었다가 지금은 위나라로 돌아갔다. 그래서 '귀歸'라고 말했다.

【正義】 括地志云 曲沃在陝州陝縣西南三十二里 因曲沃水爲名 按 焦 曲
沃二城相近 本魏地 適屬秦 今還魏 故言歸也

> 12년 처음으로 납제臘祭를[1] 지냈다. 13년 4월 무오일에 위왕魏王이 왕이라고 칭하자 한나라도 또한 왕이라고 칭했다.[2] 장의를 시켜 섬陝 땅을 정벌해 빼앗고 그곳의 사람들을 위魏나라로 내쫓았다.
>
> 十二年 初臘[1] 十三年四月戊午 魏君爲王 韓亦爲王[2] 使張儀伐取陝 出其人與魏

① 臘랍

정의   랍臘은 '랍[盧盍反]'으로 발음한다. 납臘은 12월 납일臘日이다. 진혜문왕秦惠文王이 처음으로 중국을 본받으려고 한 것이므로 초랍初臘이라고 했다. 새와 짐승을 사냥해서 한 해를 마치면서 선조에게 제사하느라고 이 날을 세웠다. 《풍속통風俗通》에 이르기를 "《예전禮傳》에서 하나라는 가평嘉平이라 하고 은나라는 청사淸祀라고 하고 주나라는 사蜡(세밀에 지내는 제사)라고 했는데 한나라에서 고쳐서 납臘이라고 했다."라고 했다. 《예기》에는 "천자天子의 대사大蜡는 여덟인데 이기씨伊耆氏가 처음으로 사蜡를 했다."라고 했다. 사蜡는 색索-모아서 꼬다의 뜻이다. 한 해의 12월에 만물을 취합하고 모아서 흠향하는 것이다.

【正義】 臘 盧盍反 十二月臘日也 秦惠文王始效中國爲之 故云初臘 獵禽獸以歲終祭先祖 因立此日也 風俗通云 禮傳云 夏曰嘉平 殷曰淸祀 周曰蜡 漢改曰臘 禮曰 天子大蜡八 伊耆氏始爲蜡 蜡者 索也 歲十二月合聚萬物而索饗之

② 魏君爲王韓亦爲王위군위왕한역위왕

[정의] 위魏나라 양왕襄王과 한韓나라 선혜왕宣惠王을 말한다.
【正義】 魏襄王 韓宣惠王也

14년 다시 원년元年으로 삼았다. 2년 장의가 제나라와 초나라의
대신들과 설상齧桑에서 회맹했다. 3년 한과 위의 태자들이 와서
조회했다. 장의가 위나라 재상이 되었다. 5년 왕이 순수하다가
북하北河에① 이르렀다. 7년 악지樂池가② 진秦나라 재상이 되었
다. 한·조·위·연·제나라 군사가 흉노와 함께 진나라를 공격했
다. 진나라에서 서장庶長 질疾을 보내 수어修魚에서 싸우게 하고
그 장수 신치申差를③ 사로잡았다. 또 조공자趙公子 갈渴과 한태
자韓太子 환奐을 무찌르고 8만 2,000명의 목을 베었다.

十四年 更爲元年 二年 張儀與齊 楚大臣會齧桑 三年 韓 魏太子來
朝 張儀相魏 五年 王游至北河① 七年 樂池②相秦 韓 趙 魏 燕 齊帥匈
奴共攻秦 秦使庶長疾與戰修魚 虜其將申差③ 敗趙公子渴 韓太子奐
斬首八萬二千

---

① 北河북하

[집해] 서광은 "융지戎地인데 하수 위에 있다."라고 했다.

【集解】 徐廣曰 戎地 在河上

정의 　조사해보니 왕이 순수하다가 북하北河를 살폈는데 영주靈州와
하주夏州의 황하에까지 이르렀었다.
【正義】 按 王游觀北河 至靈 夏州之黃河也

② 樂池악지

정의 　樂은 '악岳'으로 발음한다. 池는 '다[徒何反]'로 발음하는데, 배
인은 '지池'라고 발음한다고 했다.
【正義】 樂音岳 池 徒何反 裴氏音池也

③ 修魚虜其將申差수어노기장신치

정의 　수어修魚는 한나라의 읍邑이다. 〈연표〉에는 "진나라가 우리의
수어修魚를 무너뜨리고 한나라 장수인 신치申差를 얻었다."라고 했다.
【正義】 修魚 韓邑也 年表云秦敗我修魚 得韓將軍申差

8년 장의가 다시 진秦나라 재상이 되었다. 9년 사마착司馬錯이 촉을 정벌해 멸망시켰다.[①] 조나라 중도中都와 서양西陽을 공격해 빼앗았다. 10년 한韓나라 태자 창蒼이 와서 인질이 되었다. 한나라의 석장石章을[③] 공격해 빼앗았다. 조나라 장군 니泥를[④] 공격해 무너뜨렸다. 의거義渠 25개 성을 공격해 빼앗았다. 11년 저리질樗里疾이 위나라 초焦를 공격해 항복시켰다. 안문岸門에서 한韓나라를 무찌르고 만 명의 목을 베니 그 장수인 서수犀首가 달아났다. 공자 통通을 촉蜀 땅에 봉했다.[⑤] 연나라 군주가 그의 신하 자지子之에게 군주 자리를 물려주었다.

八年 張儀復相秦 九年 司馬錯伐蜀 滅之[①] 伐取趙中都 西陽[②] 十年 韓太子蒼來質 伐取韓石章[③] 伐敗趙將泥[④] 伐取義渠二十五城 十一年 樗里疾攻魏焦 降之 敗韓岸門 斬首萬 其將犀首走 公子通封於蜀[⑤] 燕君讓其臣子之

① 張儀復相秦~司馬錯伐蜀滅之장의부상진~사마착벌촉멸지

|색은| 촉蜀의 서남이西南夷는 옛날부터 군장君長이 있었다. 그래서 창의昌意씨가 촉산씨蜀山氏의 딸에게 장가를 들었다. 그 후예는 두우杜宇가 있는데 자립해서 왕王이 되고 망제望帝라고 불렀다. 《촉왕본기蜀王本紀》에 "장의가 촉을 정벌하자 촉왕蜀王이 전쟁을 개시했으나 이기지 못하고 장의에게 멸망당했다."라고 했다.

【索隱】 蜀西南夷舊有君長 故昌意娶蜀山氏女也 其後有杜宇 自立爲王 號
曰望帝 蜀王本紀曰 張儀伐蜀 蜀王開戰不勝 爲儀所滅也

② 中都西陽중도서양

집해 〈지리지〉에 "태원太原에 중도현中都縣이 있다."라고 했다.

【集解】 地理志太原有中都縣

정의 《괄지지》에 "중도中都 고현故縣은 분주汾州 평요현平遙縣 서쪽
12리에 있는데 곧 서도西都이다. 서양西陽은 곧 중양中陽인데 분주汾州
습성현隰城縣 동쪽 십리에 있다."라고 했다. 〈지리지〉에는 "서도西都라고
했는데 중양中陽은 하군河郡에 속해 있다."라고 했다. 또 "조나라를 정
벌하고 중도中都와 서양西陽을 차지했다."라고 했다. 〈조세가〉에는 "진
나라에서 우리 서도 및 중도를 빼앗아갔다."라고 했다. 〈연표〉에 "진秦
혜문왕惠文王 후원後元 9년에 조나라 중도中都 서양西陽 안읍安邑을 빼
앗았다. 조나라 무령왕武靈王 10년 진나라에서 중도中都와 안양安陽을
빼앗았다."라고 했다. 〈본기〉와 〈세가〉 그리고 〈연표〉에 그 현의 이름은
다르지만 연세年歲는 진실로 같으니 정벌한 곳은 오직 한 곳이다. 그러
므로 구체적으로 기록해서 후세의 학자들에게 보여주려 한다.

【正義】 括地志云 中都故縣在汾州平遙縣西十二里 卽西都也 西陽卽中陽
也 在汾州隰城縣東十里 地理志云西都 中陽屬西河郡 此云 伐取趙中都西
陽 趙世家云 秦卽取我西都及中陽 年表云 秦惠文王後元九年 取趙中都 西
陽 安邑 趙武靈王十年 秦取中都安陽 本紀 世家 年表其縣名異 年歲實同 所

伐唯一處 故具錄之 以示後學

③ 石章석장

[정의] 한韓나라의 지명地名이다

【正義】 韓地名也

④ 趙將泥조장니

[집해] 서광은 "장將은 다른 책에는 '장莊'으로 되어 있다."라고 했다.

【集解】 徐廣曰 將 一作莊

[정의] 니泥는 조나라 장수 이름이다.

【正義】 趙將名也

⑤ 孔子通封於蜀공자통봉어촉

[집해] 서광은 "이 해는 난왕赧王 원년이다."라고 했다.

【集解】 徐廣曰 是歲王赧元年

[색은] 《화양국지》에는 "난왕赧王 원년에 진혜왕秦惠王이 아들 통通을 나라에 봉해 촉후蜀侯로 삼고 진장陳莊을 재상으로 삼았다."라고 했다. 서광은 《화양국지》에 의거해서 말한 것이다.

【索隱】 華陽國志曰 赧王元年 秦惠王封子通國爲蜀侯 以陳莊爲相 徐廣所云 亦據國志而言之

12년 진왕秦王이 양왕梁王과 임진臨晉에서 회맹했다. 서장庶長 질疾이 조나라를 공격해서 조나라 장수 장莊을 사로잡았다. 장의가 초나라 재상이 되었다. 13년 서장庶長 장章이 단양丹陽에서 초나라를 공격해 그의 장수 굴개屈匄를 사로잡고 8만여 명의 머리를 베었다. 또 초나라 한중漢中을 공격해 땅 600리를 빼앗고 한중군漢中郡을 설치했다. 초나라에서 옹씨雍氏 땅을 포위하자 진秦나라에서 서장 질疾을 보내서 한나라를 도와 동쪽으로 제나라를 공격하게 하고 도만到滿을[1] 시켜 위나라를 도와서 연나라를 공격케 했다. 14년 초나라를 공격해 소릉邵陵을 빼앗았다. 융족戎族 단丹과 여犁가[2] 신하가 되었고 촉의 재상 장壯이[3] 촉후蜀侯를 살해하고 와서 항복했다.

十二年 王與梁王會臨晉 庶長疾攻趙 虜趙將莊 張儀相楚 十三年 庶長章擊楚於丹陽 虜其將屈匄 斬首八萬 又攻楚漢中 取地六百里 置漢中郡 楚圍雍氏 秦使庶長疾助韓而東攻齊 到滿[1]助魏攻燕 十四年 伐楚 取召陵 丹 犁[2]臣 蜀相壯[3]殺蜀侯來降

① 到滿도만

정의　어떤 이는 만滿은 '포蒲'라고 했다. 진秦나라 장수 이름이다.

【正義】　滿 或作蒲 秦將姓名也

② 丹犂단려

정의　단丹과 여犂는 두 융戎의 호칭인데 신하로 촉蜀에 복종했다. 촉의 재상이 촉후蜀侯를 살해하고 단丹과 여犂의 두 나라를 병탄해서 진秦나라에 항복한 것이다. 촉 땅의 서남쪽 요부姚府 관내에 있다. 본래는 서남이로서 전국시대에는 촉蜀과 전국滇國이었는데 당나라 초기에 여주犂州와 단주丹州를 설치했다.

【正義】　二戎號也 臣伏於蜀 蜀相殺蜀侯 并丹 犂二國降秦 在蜀西南姚府管內 本西南夷 戰國時蜀 滇國 唐初置犂州 丹州也

③ 壯장

집해　서광은 "장壯이 다른 본에는 '장狀'으로 되어 있다"라고 했다.

【集解】　徐廣曰 一作狀

혜왕惠王이 죽고 아들 무왕武王이[1] 이어 즉위했다. 한韓·위魏·제齊·초楚·월越이[2] 모두 귀순했다.

惠王卒 子武王[1]立 韓魏齊楚越[2]皆賓從

---

① 武王무왕

무왕의 이름은 탕蕩이다.
【索隱】 名蕩

② 越월

서광은 "다른 본에는 '조趙'로 되어 있다."라고 했다.
【集解】 徐廣曰 一作趙

무왕 원년 위혜왕魏惠王과 임진에서① 회맹했다. 촉의 재상 장壯
을 죽였다. 장의와 위장魏章이 모두 동쪽으로 나가서 위나라로
갔다. 의거와 단丹과 여犂를 정벌했다. 2년 처음으로 승상丞相
의② 직위를 설치했다. 저리질과 감무가 좌우승상左右丞相이 되
었다. 장의가 위魏나라에서 죽었다. 3년 한양왕韓襄王과 임진의
밖에서③ 회맹했다. 남공게南公揭가 죽고 저리질이 한韓나라 재
상이 되었다.

武王元年 與魏惠王會臨晉① 誅蜀相壯 張儀 魏章皆東出之魏 伐義
渠 丹 犂 二年 初置丞相② 樗里疾 甘茂爲左右丞相 張儀死於魏 三年
與韓襄王會臨晉外③ 南公揭卒 樗里疾相韓

① 臨會임회

집해 　서광은 "〈표表〉에는 애왕哀王이다."라고 했다.

【集解】 　徐廣曰 表云哀王

정의 　조사해보니 위혜왕魏惠王이 죽은 지 이미 25년이었다.

【正義】 　按 魏惠王卒已二十五年矣

② 丞相승상

집해 　응소는 "승丞이란 승承이다. 상相은 돕는다는 뜻이다."라고 했다.

【集解】 　應劭曰 丞者 承也 相 助也

③ 臨晉外임진외

정의 　외外는 임진臨晉의 성 밖을 이른 것이다. '외外' 자는 다른 본에 는 '수水' 자라고 했다.

【正義】 　外謂臨晉城外 外字 一作水

무왕이 감무甘茂에게 일러 말했다.

"과인은 용거容車를 타고 삼천三川을 통과해서 주나라의 왕실을 엿볼 수 있다면 죽어도 한이 없을 것이다."

그 해 가을 감무와 서장 봉封을 시켜 의양宜陽을 정벌하게 했다. 4년 의양宜陽을[1] 함락하고 6만 명의 목을 베었다. 하수를 건너 무수武遂에[2] 이르렀다. 위魏 태자가 와서 조회했다. 무왕이 힘이 세어 힘겨루기를 좋아했으므로, 역사力士 임비任鄙와 오획烏獲과 맹열孟說 등이 모두 높은 관직에 이르렀다. 무왕이 맹열과 솥을 들다가 정강이뼈가 부러졌다.[3] 8월에 무왕이 죽었다.[4] 맹열의 가족이 멸족되었다.

武王謂甘茂曰 寡人欲容車通三川 窺周室 死不恨矣 其秋 使甘茂 庶長封伐宜陽[1] 四年 拔宜陽 斬首六萬 涉河 城武遂[2] 魏太子來朝 武王有力好戲 力士任鄙 烏獲 孟說皆至大官 王與孟說舉鼎 絕臏[3] 八月 武王死[4] 族孟說

① 宜陽의양

정의 하남부河南府 복창현福昌縣 동쪽 14리에 있다. 옛 한성韓城이 이곳이다. 이곳은 한韓나라의 대군大郡인데 정벌해서 빼앗으니 삼천三川의 길이 이에 통했다.

【正義】 在河南府福昌縣東十四里 故韓城是也 此韓之大郡 伐取之 三川路乃通也

② 武遂무수

집해 서광은 "한韓나라의 읍邑이다."라고 했다.
【集解】 徐廣曰 韓邑也

정의 조사해보니 이 읍은 본래 한韓나라에 소속되었고 평양平陽에 가까웠다. 〈한세가〉에는 "정貞의 아들이 평양平陽에 살았는데 9세九世(9대) 애후哀侯 때에 이르러 정鄭으로 옮겨다."라고 했다. 〈초세가〉에 "한韓나라가 오히려 복종해 진秦나라를 섬긴 것은 선왕先王의 묘가 평양平陽에 있었기 때문이다."라고 했다. 진秦나라 무수武遂와는 거리는 70여 리이므로 평양과 가깝다는 것을 알 수 있다.
【正義】 按 此邑本屬韓 近平陽 韓世家云 貞子居平陽 九世至哀侯 徙鄭 楚世家云 而韓猶服事秦者 以先王墓在平陽 而秦之武遂去之七十里 故知近平陽

③ 絶臏절빈

집해 서광은 "빈臏이 다른 본에는 '맥脉'으로 되어 있다."라고 했다.
【集解】 徐廣曰 一作脉

정의 臏의 발음은 '빈[頻忍反]'이다. 절絶은 끊어지다. 빈臏은 정강이뼈이다.
【正義】 臏音頻忍反 絶 斷也 臏 脛骨也

신주 맹열은 맹분孟賁이라고도 하는데 진 무왕武王 때 역사力士였다. 힘이 셌던 무왕은 맹열과 임비任鄙, 오획烏獲 등을 모두 대관까지 승진시켰는데 재위 4년(서기전 307) 낙양에 가서 맹열과 '용문적정龍文赤鼎'이란 큰 솥을 들다가 정강이 뼈가 부러져서 죽었다. 여기에서 솥을 들다 정강이가 부러져서 죽었다는 '거정절빈擧鼎絶臏'이란 성어가 나왔는데, 감당할 수 없는 일을 무리하게 추진하다가 잘못되는 것을 뜻한다.

④ 武王死무왕사

집해 《황람》에 "진무왕秦武王의 총冢(무덤)은 부풍扶風 안릉현安陵縣 서북쪽에 있는데 필맥畢陌 안의 대총大冢이 이것이다. 사람들이 주문왕周文王의 총冢으로 여기는데 잘못된 것이다. 주문왕의 무덤은 두중杜中에 있다."라고 했다.

【集解】 皇覽曰 秦武王冢在扶風安陵縣西北 畢陌中大冢是也 人以爲周文王冢 非也 周文王冢在杜中

정의 《괄지지》에 "진도무왕秦悼武王의 능은 옹주雍州 함양현咸陽縣 서북 15리에 있다."라고 했다.

【正義】 括地志云 秦悼武王陵在雍州咸陽縣西北十五里也

무왕이 위魏나리의 여자를 취해 왕후로 삼았으니 자식이 없었다. 무왕의 이복동생을 옹립했는데 이이가 소양왕昭襄王이다.① 소양왕의 어머니는 초나라 사람이었으며 성은 미씨半氏였고 선태후宣太后라고 호칭했다. 무왕이 죽을 때 소양왕은 연燕나라의 인질이 되어 있었는데 연나라 사람이 돌려보내서 즉위할 수 있었다.

族孟說 武王取魏女爲后 無子 立異母弟 是爲昭襄王① 昭襄母楚人 姓半氏 號宣太后 武王死時 昭襄王爲質於燕 燕人送歸 得立

①昭襄王소양왕

색은 소양왕 이름은 칙則인데 일설에는 직稷이라고도 한다.

【索隱】 名則 一名稷

소양왕昭襄王 원년 엄군질嚴君疾이① 재상이 되었다. 감무가 진秦나라를 떠나 위魏나라로 갔다. 2년 혜성이 나타났다.② 서장 장壯과 대신들과 제후들과 공자들이 반역을 했는데, 모두 처형되었고 혜문왕후惠文王后까지 모두 제 명에 죽지 못했다.③ 도무왕후悼武王后는 쫓겨나 위魏나라로 돌아갔다.

昭襄王元年 嚴君疾①爲相 甘茂出之魏 二年 彗星見② 庶長壯與大臣 諸侯 公子爲逆 皆誅 及惠文后皆不得良死③ 悼武王后出歸魏

① 嚴君疾엄군질

[정의]　대개 촉군蜀郡 엄도현嚴道縣에 봉했으므로 엄군嚴君이라고 호
칭했다. 질疾은 그의 이름이다.
【正義】　蓋封蜀郡嚴道縣 因號嚴君 疾 名也

② 彗혜

[정의]　彗는 '세[似歲反]'로 발음한다. 또 '소[先到反]'로 발음한다.
【正義】　彗 似歲反 又先到反

③ 惠文后皆不得良死혜문후개부득양사

[집해]　서광은 "부인은 초楚나라에서 시집온 사람이다."라고 했다.
【集解】　徐廣曰 迎婦於楚者

[신주]　혜문후惠文后는 진혜문왕惠文王의 왕후이자 진무왕武王의 어머
니로 위국魏國에서 태어났는데, 진소양왕秦昭襄王 2년에 대신, 제후, 공
자 등과 함께 피살되었다.

3년 왕이 관례를 올렸다. 초왕楚工과 황극黃棘에서[①] 회맹했다. 상용上庸 땅을[②] 초나라에 주었다. 4년 포판蒲阪을[③] 빼앗았다. 혜성이 나타났다. 5년 위왕魏王이 와서 응정應亭에서[④] 조회하자 다시 포판을 위나라에 돌려주었다. 6년 촉후蜀侯 휘煇가[⑤] 배반 하자 사마조司馬錯가 촉을 평정했다. 서장 환奐이 초나라를 정벌 하고 2만 명의 목을 베었다. 경양군涇陽君이[⑥] 제나라의 인질이 되었다. 일식이 있어서 낮이 어두웠다. 7년 신성新城을[⑦] 빼앗았 다. 저리자樗里子가 죽었다.

三年 王冠 與楚王會黃棘[①] 與楚上庸[②] 四年 取蒲阪[③] 彗星見 五年 魏 王來朝應亭[④] 復與魏蒲阪 六年 蜀侯煇[⑤]反 司馬錯定蜀 庶長奐伐楚 斬首二萬 涇陽君[⑥]質於齊 日食 晝晦 七年 拔新城[⑦] 樗里子卒

① 黃棘황극

정의 棘은 '격[紀力反]'으로 발음한다. 대개 방주房州와 양주襄州의 두 주州에 있었다.
【正義】 棘 紀力反 蓋在房 襄二州也

② 上庸상용

집해 〈지리지〉에 "한중漢中에 상용현上庸縣이 있다."라고 했다.

정의 《괄지지》에 "상용上庸은 지금의 방주房州 죽산현竹山縣과 금주
金州가 이곳이다."라고 했다.
【正義】 括地志云 上庸 今房州竹山縣及金州是也

③ 蒲阪포판

정의 《괄지지》에 "포판蒲阪 고성은 포주蒲州 하동현 남쪽 2리에 있
으며 곧 요순堯舜이 도읍한 곳이다."라고 했다.
【正義】 括地志云 蒲阪故城在蒲州河東縣南二里 卽堯舜所都也

④ 應亭응정

집해 서광은 "〈위세가〉에는 임진臨晉에서 회합하다."라고 했다.
【集解】 徐廣曰 魏世家云會臨晉

정의 應은 '응[乙陵反]'으로 발음한다.
【正義】 應音乙陵反

⑤ 蜀侯煇촉후휘

색은 煇는 '휘暉'로 발음한다. 《화양국지》에는 "진秦나라에서 왕자

휘王子煇를 촉후蜀侯로 책봉했다. 촉후가 제사한 제육을 돌아가 왕에게 올렸는데 후무後母가 미워하여 독毒을 더해 올리니 왕이 대로해서 사마조를 시켜 휘煇에게 검을 내렸다."라고 했다. 이 휘煇와는 동일하지 않다.

【索隱】 煇音暉 華陽國志曰 秦封王子煇爲蜀侯 蜀侯祭 歸胙於王 後母疾之 加毒以進 王大怒 使司馬錯賜煇劍 此煇不同也

⑥ 涇陽君경양군

색은 양군의 이름은 시市이다.

【索隱】 名市

⑦ 新城신성

정의 〈초세가楚世家〉에는 "회왕懷王 29년에 진秦나라에서 다시 초나라를 정벌해 초나라 군사를 크게 깨부수어 초나라 군사 2만 명이 죽었으나 우리 장군 경결景缺도 죽었다."라고 했다. 〈연표年表〉에는 "진秦나라에서 우리의 양성襄城을 무너뜨리고 경결景缺을 죽였다."라고 했다. 《괄지지》에는 "허주許州 양성현襄城縣은 곧 옛날 신성현新城縣이다."라고 했다. 조사해보니 〈세가〉·〈연표〉의 곧 '신新' 자는 잘못된 것으로 '양襄' 자가 되어야 한다.

【正義】 楚世家云 懷王二十九年 秦復伐楚 大破楚軍 楚軍死二萬 殺我將軍景缺 年表云 秦敗我襄城 殺景缺 括地志云 許州襄城縣卽古新城縣也 按

世家 年表 則新字誤作襄字

8년 장군 미융苹戎에게 초나라를 공격하게 해 신시新市를① 빼앗
았다. 제나라는 장자章子를 사신으로 보내고 위나라는 공손희公
孫喜를 보내고 한나라는 포연暴鳶을② 보내서 함께 초나라 방성方
城을 공격해 당매唐眛를 빼앗았다. 조나라에서 중산中山을 쳐부
수자 그 군주가 도망가 마침내 제나라에서 죽었다. 위나라 공자
경公子勁과 한나라 공자 장公子長이 제후가 되었다.③ 9년 맹상군
孟嘗君 설문薛文이 와서 진나라의 재상이 되었다. 환奐이 초나라
를 공격해 8개의 성을 빼앗고 그의 장군인 경쾌景快를 죽였다.

八年 使將軍苹戎攻楚 取新市① 齊使章子 魏使公孫喜 韓使暴鳶②共
攻楚方城 取唐眛 趙破中山③ 其君亡 竟死齊 魏公子勁 韓公子長爲
諸侯④ 九年 孟嘗君薛文來相秦 奐攻楚 取八城 殺其將景快

① 新市신시

집해 《진지기晉地記》에는 "강하江夏에 신시현新市縣이 있다."라고 했다.
【集解】 晉地記曰 江夏有新市縣

② 暴鳶포연

[색은] 한韓나라 장수의 성명이다.

【索隱】 韓將姓名

③ 中山중산

[신주] 중산국中山國(서기전 414~서기전 296)은 연燕의 남쪽, 진晉·제齊의 북쪽에 있던 나라로서 중국에서는 백적白狄이 건립한 국가로 보고 있다. 건국자 중산무공中山武公은 주周와 같은 희성姬姓이고, 이름은 굴窟로서 중산문공中山文公의 아들이다. 현재 하북성 석가장石家莊시 평산현平山縣에 도성 유지가 남아 있다. 희성의 국가를 백적白狄, 융적戎狄의 국가로 지칭한다는 점에서 하화족夏華族이란 개념이 후대에 만들어졌다는 사실을 알 수 있다.

④ 魏公子勁韓公子長爲諸侯위공자경한공자장위제후

[색은] 별도로 봉한 읍邑인데도 제후에 비견된다. 이는 상군商君(상앙)이나 조趙나라의 장안군長安君과 같은 것이다.

【索隱】 別封之邑 比之諸侯 猶商君 趙長安君然

[신주] 두 사람을 별도로 읍邑에 봉해서 제후로 삼았다.

10년 초나라의 회왕懷王이 진秦나라에 와서 조회했는데 진秦
나라에서 그를 억류했다. 설문薛文이 금수金受 때문에 파면되었
다.[1] 누완樓緩이 승상이 되었다. 11년 제齊·한韓·위魏·조趙·
송宋과 중산中山 다섯 나라가 함께 진秦나라를 공격해[2] 염지鹽
氏까지[3] 이르렀다가 돌아갔다. 진秦나라는 한나라와 위나라에
하수 북쪽과 봉릉封陵의 땅을[4] 주고 화평을 맺었다. 혜성이 나
타났다. 초나라 회왕이 조나라로 달아났는데 조나라에서 받아
주지 않자 진秦나라로 되돌아와 곧 죽어서 고향으로 돌려보내
장례를 치렀다. 12년 누완이 면직되자 양후穰侯[5] 위염魏冉이 승
상이 되었다. 초나라에 곡식 5만 석을 주었다.

十年 楚懷王入朝秦 秦留之 薛文以金受免[1] 樓緩爲丞相 十一年 齊
韓 魏 趙 宋 中山五國共攻秦[2] 至鹽氏[3]而還 秦與韓 魏河北及封陵[4]
以和 彗星見 楚懷王走之趙 趙不受 還之秦 即死 歸葬 十二年 樓緩
免 穰侯[5]魏冉爲相 予楚粟五萬石

① 金受免금수면

정의 금수金受는 진秦나라 승상의 성명이다. 면免은 그의 승상직을
박탈한 것이다.

【正義】 金受 秦丞相姓名 免 奪其丞相

② 中山五國중산오국

정의　대개 중산中山은 이때 조趙나라에 소속되었다. 그러므로 5개국
이라고 일렀다.

【正義】　蓋中山此時屬趙 故云五國也

③ 鹽氏염씨

집해　서광은 "염鹽은 일설에는 '감監'이다."라고 했다.

【集解】　徐廣曰 鹽 一作監

정의　《괄지지》에 "염鹽의 고성은 일명 사염성司鹽城이라고 하는데
포주蒲州 안읍현安邑縣에 있다."라고 했다. 조사해보니 염지鹽池를 관장
하는 관리이기 때문에 씨로 일컬었다.

【正義】　括地志云 鹽故城一名司鹽城 在蒲州安邑縣 按 掌鹽池之官 因稱氏

④ 封陵봉릉

정의　〈연표年表〉에는 "진秦나라가 위魏나라에 봉릉封陵을 주고 한韓
나라에 무수武遂를 주어서 화해했다."라고 했다. 조사해보니 하수 밖의
섬陝과 괵虢과 곡옥曲沃등의 땅이었다. 봉릉封陵은 옛날 포판현蒲阪縣의
서남쪽 하수의 굽이진 곳에 있다. 무수武遂는 평양平陽 땅에 가까웠다.

【正義】　年表云 秦與魏封陵 與韓武遂以和 按 河外陝 虢 曲沃等地 封陵在

古蒲阪縣西南河曲之中 武遂 近平陽地也

⑤ 穰侯양후

[정의] 《괄지지》에 "양穰은 등주鄧州의 현에서 다스리는 곳인데 곧 옛날 양후국穰侯國이다."라고 했다.
【正義】 括地志云 穰 鄧州所理縣 卽古穰侯國

처음으로 하수에
다리를 놓다

13년 향수向壽가 한韓나라를 정벌하고 무시武始를^① 빼앗았다. 좌경左更 백기白起가 신성을^② 공격했다. 오대부五大夫 예禮가 도망쳐 위魏나라로 달아났다. 임비任鄙가 한중漢中 태수가^③ 되었다. 14년 좌경 백기가 한韓나라와 위魏나라를 이궐伊闕에서^④ 공격해 24만 명의 목을 베고 공손희公孫喜를 포로로 잡았으며 5개의 성을 함락시켰다. 15년 대량조 백기가 위나라를 공격해 원垣을^⑤ 빼앗았다가 다시 돌려주었다. 초나라를 공격해 완宛을 빼앗았다.

十三年 向壽伐韓 取武始^① 左更白起攻新城^② 五大夫禮出亡奔魏 任鄙爲漢中守^③ 十四年 左更白起攻韓 魏於伊闕^④ 斬首二十四萬 虜公孫喜 拔五城 十五年 大良造白起攻魏 取垣^⑤ 復予之 攻楚 取宛

① 武始무시

집해 〈지리지〉에 "위군魏郡에 무시현武始縣이 있다."라고 했다.
【集解】 地理志魏郡有武始縣

정의 《괄지지》에 "무시武始의 고성은 낙주洛州 무시현武始縣 서남쪽
10리에 있다."라고 했다.
【正義】 括地志云 武始故城在洛州武始縣西南十里

② 新城신성

정의 〈백기전〉에 "백기白起는 좌서장左庶長이 되어 장군으로 한韓나
라의 신성新城을 공격했다."라고 했다. 《괄지지》에 "낙주洛州 이궐현伊闕
縣은 본래 한漢나라 신성현新城縣으로 수隋 문제文帝가 이궐伊闕이라고
개칭했는데 낙주 남쪽 70리에 있다."라고 했다.
【正義】 白起傳云 白起爲左庶長 將而擊韓之新城 括地志云 洛州伊闕縣本
是漢新城縣 隋文帝改爲伊闕 在洛州南七十里

③ 守수

집해 《한서》〈백관표百官表〉에 "군수君守는 진秦나라의 관직이다."라
고 했다.
【集解】 漢書百官表曰 郡守 秦官

④ 伊闕이궐

정의 〈지리지〉에 "이궐伊闕은 낙주洛州 남쪽 90리에 있다."라고 했
다. 《수경》 주석에 "옛날 대우大禹가 용문龍門을 열어서 물을 통하게 했
는데 양쪽 산이 서로 마주 바라보는 것이 궐闕과 같았고 이수伊水가 그
사이를 지났다. 그래서 이궐伊闕이라고 일렀다."라고 했다. 조사해보니
지금의 낙주 남쪽을 오히려 용문龍門이라고 부른다.

【正義】 括地志云 伊闕在洛州南十九里 注水經云 昔大禹疏龍門以通水 兩
山相對 望之若闕 伊水歷其閒 故謂之伊闕 按 今洛南猶謂之龍門也

⑤ 垣원

정의 垣은 '원袁'으로 발음한다. 앞에서 진秦나라가 포판蒲阪현을 취
했다가 다시 포판을 위魏나라에 주자 위나라에서는 원垣현으로 삼았
다. 지금 또 위魏나라의 원垣을 빼앗았다가 다시 주었는데 뒤에는 진나
라가 포판과 피지皮氏를 현으로 삼았다.

【正義】 垣音袁 前秦取蒲阪 復以蒲阪與魏 魏以爲垣 今又取魏垣 復與之
後秦以爲蒲阪皮氏

16년 좌경左更 착착錯이 지지軹와 등鄧을① 빼앗았다. 위염魏冄이 재상에서 면직되었다. 공자公子 시市를 완宛 땅에 봉하고 공자公子 회悝를② 등鄧에 봉하고 위염을 도陶에 봉해 제후로 삼았다. 17년 성양군城陽君③이 들어와 조회하고 동주東周의 임금도 와서 조회했다. 진秦나라에서 원垣을 포판蒲阪과 피지皮氏현으로 만들었다.④ 진왕秦王이 의양宜陽으로 갔다. 18년 착錯이 원垣과⑤ 하옹河雍을⑥ 공격해 다리를 끊고 빼앗았다.

十六年 左更錯取軹及鄧① 冄免 封公子市宛 公子悝②鄧 魏冄陶 爲諸侯 十七年 城陽君③入朝 及東周君來朝 秦以垣爲蒲阪 皮氏④ 王之宜陽 十八年 錯攻垣⑤ 河雍⑥ 決橋取之

① 軹及鄧지급등

집해 〈지리지〉에는 "하내河內에 지현軹縣이 있고 남양南陽에 등현鄧縣이 있다."라고 했다.

【集解】 地理志河內有軹縣 南陽有鄧縣

정의 《괄지지》에 "옛 지성軹城은 회주懷州 제원현濟源縣 동남쪽 13리에 있고 옛 등성鄧城은 회주 하양현河陽縣 서쪽 31리에 있는데, 6개국이 서로 병탄할 때는 위魏나라 읍이었다."라고 했다. 상고해보니 2개의 성이 서로 연달아 있었다. 그래서 급及(닿다)이라고 일렀다.

【正義】 括地志云 故軹城在懷州濟源縣東南十三里 故鄧城在懷州河陽縣
西三十一里 並六國時魏邑也 按 二城相連 故云及也

② 悝회

색은　회悝는 고릉군高陵君이라고 부른다. 처음에는 팽彭에 봉해졌는
데 소양왕昭襄王의 아우이다.
【索隱】 悝號高陵君 初封於彭 昭襄王弟也

③ 城陽君성양군

정의　《괄지지》에 "복주濮州 뇌택현雷澤縣은 본래 한漢나라의 성양현
郕陽縣인데 옛날에는 성백郕伯이었으며 희성姬姓의 나라이다. 주무왕이
아우인 계재季載를 성郕에 봉했는데 그 뒤에는 성의 남쪽으로 옮겼다."
라고 했다.
【正義】 括地志云 濮州雷澤縣本漢郕陽縣 古郕伯姬姓之國 周武王封弟季
載於郕 其後遷城之陽也

④ 爲蒲阪皮氏위포판피지

색은　위爲자는 마땅히 '역易'자가 되어야 한다. 대개 글자가 잘못된
것이다.
【索隱】 爲 當爲易 蓋字訛也

정의   포판蒲阪은 지금의 하동현河東縣이다. 피지皮氏 고성은 강주絳州 용문현龍門縣 서쪽 1리 80보에 있다.

【正義】 蒲阪 今河東縣也 皮氏故城在絳州龍門縣西一里八十步

⑤ 垣원

정의   대개 포판蒲阪현과 피지皮氏현이 또 위魏나라로 돌아가자 위나라에서는 다시 원垣으로 만들었는데 지금 거듭 공격해서 빼앗았다.

【正義】 蓋蒲阪 皮氏又歸魏 魏復以爲垣 今重攻取之也

⑥ 河雍하옹

집해   서광은 《급총기년》에는 "위애왕魏哀王 24년에 의양宜陽을 고쳐서 하옹河雍이라고 하고 상向을 고쳐서 고평高平이라고 했는데, 상向은 지軹의 서쪽에 있다고 했다."라고 했다.

【集解】 徐廣曰 汲冢紀年云魏哀王二十四年 改宜陽曰河雍 改向曰高平 向在軹之西

19년 진왕秦王이 서제西帝라 하고 제왕齊王이 동제東帝라고 했다가 모두 다시 제帝의 칭호를 버렸다. 여례呂禮가 와서 스스로 귀의했다. 제나라가 송宋나라를 쳐부수자 송왕宋王이 위魏나라로 도망가 있다가 온溫에서 죽었다. 임비任鄙도 죽었다. 20년②진왕秦王이 한중漢中으로 갔다가 또 상군上郡과 북하北河로 갔다. 21년 착錯이 위나라 하내河內를 공격했다. 위나라에서 안읍安邑을 진秦나라에 바치자 진秦나라에서는 안읍의 위나라 사람들을 내쫓고 진나라 사람들을 모집해 하동으로 옮겼는데, 작위를 하사하고 죄인들을 사면해서 옮겨 살게 했다. 경양군涇陽君을 완宛 땅에 봉했다.

十九年 王爲西帝 齊爲東帝 皆復去之 呂禮來自歸 齊破宋 宋王在魏 死溫 任鄙卒 二十年① 王之漢中 又之上郡 北河 二十一年② 錯攻魏 河內 魏獻安邑 秦出其人 募徙河東賜爵 赦罪人遷之 涇陽君封宛

① 二十年이십년

집해 　서광은 "진秦나라의 땅에서 수말이 망아지를 낳았다."라고 했다.
【集解】　徐廣曰 秦地有父馬生駒

② 二十一年이십일년

【集解】 徐廣曰 有牡馬生牛而死

22년 몽무蒙武가 제나라를 정벌했다. 하동河東을 9개 현縣으로 만들었다. 초나라 왕과 완宛 땅에서 회맹했다. 조나라 왕과는 중양中陽에서① 회맹했다. 23년 위尉가 된 사리斯離가② 삼진三晉과 연나라와 함께 제나라를 정벌해 제수濟水 서쪽에서 무찔렀다. 진秦나라 왕이 위나라 왕과 함께 의양宜陽에서 회맹하고 또 한나라 왕과 신성新城에서 회맹했다. 24년 초나라 왕과 언鄢 땅에서③ 회맹하고 또 양穰 땅에서도 회맹했다. 진秦나라에서 위나라의 안성安城을④ 빼앗고 대량大梁까지 이르렀는데 연나라와 조나라가 구원에 나서자 진秦나라 군대가 철수했다. 위염이 재상에서 면직되었다.

二十二年 蒙武伐齊 河東爲九縣 與楚王會宛 與趙王會中陽①
二十三年 尉斯離②與三晉 燕伐齊 破之濟西 王與魏王會宜陽 與韓
王會新城 二十四年 與楚王會鄢③ 又會穰 秦取魏安城④ 至大梁 燕
趙救之 秦軍去 魏冉免相

---

① 中陽중양

집해 〈지리지〉에 "서하西河에 중양현中陽縣이 있다."라고 했다.

② 尉斯離위사리

색은 위尉는 진秦나라 관직이다. 사리斯離는 그의 성명이다.
【索隱】 尉 秦官 斯離 其姓名

정의 위尉는 도위都尉이다. 사리斯離는 이름이다.
【正義】 尉 都尉 斯離 名也

③ 鄢언

정의 鄢은 '언[於建反]'으로 발음하고 또 '언偃'으로도 발음한다.《괄지지》에 "옛 언성偃城은 양주襄州 안양현安養縣 북쪽 3리에 있었는데 옛날 언자鄢子의 나라이다."라고 했다.
【正義】 鄢 於建反 又音偃 括地志云 故偃城在襄州安養縣北三里 古鄢子 之國也

④ 安城안성

집해 〈지리지〉에 "여남汝南에 안성현安城縣이 있다."라고 했다.
【集解】 地理志汝南有安城縣

《괄지지》에 "안성安城은 예주豫州 여양현汝陽縣 동남쪽 17리에 있다."라고 했다.

【正義】 括地志云 安城在豫州汝陽縣東南十七里

25년 조趙나라의 두 성을 함락시켰다. 한韓나라의 왕과 신성新城에서 회맹했고 위魏나라 왕과는 신명읍新明邑에서 회맹했다. 26년 죄인들을 사면하여 양穰 땅에 옮겨살게 했다. 후작인 위염이 다시 승상이 되었다. 27년 착錯이 초나라를 공격했다. 죄인을 사면시켜 남양南陽①에 옮겨 살게 했다. 백기가 조나라를 공격해 대代 땅의 광랑성光狼城을② 빼앗았다. 또 사마착으로 하여금 농서隴西에서 군사를 일으켜 촉蜀을 따라서 초나라의 검중黔中을 공격해 함락시켰다. 28년 대량조 백기가 초나라를 공격해 언鄢과 등鄧을 빼앗고 죄인들을 사면시켜 옮겨 살게 했다.

二十五年 拔趙二城 與韓王會新城 與魏王會新明邑 二十六年 赦罪人遷之穰 侯丹復相 二十七年 錯攻楚 赦罪人遷之南陽① 白起攻趙 取代光狼城② 又使司馬錯發隴西 因蜀攻楚黔中③ 拔之 二十八年 大良造白起攻楚 取鄢 鄧④ 赦罪人遷之

---

① 南陽남양

남양南陽에서 그 위로 옮겨가서 양穰에 이르기까지 모두 지금의 등주鄧州이다.

【正義】 南陽及上遷之穰 皆今鄧州也

② 光狼城광랑성

정의 《괄지지》에 "광랑光狼 고성은 지금 택주澤州 고평현高平縣 서
쪽 20리에 있다."라고 했다.

【正義】 括地志云 光狼故城在今澤州高平縣西二十里

③ 黔中검중

정의 지금의 검부黔府이다.

【正義】 今黔府也

④ 鄢鄧언등

정의 언鄢과 등鄧의 두 성은 함께 양주襄州에 있다.

【正義】 鄢鄧二城並在襄州

29년 대량조 백기가 초나라를 공격해 영郢을 빼앗고 남군南郡을 설치하자① 초나라 왕이 달아났다. 주周나라 군주가 진秦나라에 왔다. 진秦나라 왕과 초나라 왕이 양릉襄陵에서② 회맹했다. 백기장군이 무안군武安君이③ 되었다. 30년 촉태수 약若이 초나라를 정벌해 무군巫郡④을 빼앗고 강남에 이르러 검중군黔中郡⑤을 설치했다. 31년 백기가 위나라를 정벌해 2개의 성城을 빼앗았다. 초나라 사람이 진秦나라 강남江南에서 반란을 일으켰다.⑥

二十九年 大良造白起攻楚 取郢爲南郡① 楚王走 周君來 王與楚王會襄陵② 白起爲武安君③ 三十年 蜀守若伐楚 取巫郡④ 及江南爲黔中郡⑤ 三十一年 白起伐魏 取兩城 楚人反我江南⑥

① 郢爲南郡영위남군

정의 《괄지지》에 "영성郢城은 형주荊州 강릉현江陵縣 동북쪽 6리에 있고 초평왕楚平王이 도읍을 쌓은 땅이다."라고 했다.
【正義】 括地志云 郢城在荊州江陵縣東北六里 楚平王築都之地也

② 襄陵양릉

집해 〈지리지〉에 "하동河東에 양릉현襄陵縣이 있다."라고 했다.
【集解】 地理志河東有襄陵縣

정의 《괄지지》에 "양릉襄陵은 진주晉州 임분현臨汾縣 동남쪽 35리에 있다."라고 했다. 감인闞駰의 《십삼주지十三州志》에는 "양릉襄陵은 진秦나라 대부 주犫의 읍이다."라고 했다.

【正義】 括地志云 襄陵在晉州臨汾縣東南三十五里 闞駰十三州志云襄陵晉大夫犫邑也

③ 武安君무안군

정의 군사軍士를 어루만지면서 길러 싸우면 반드시 이기니 백성들이 안심하고 모일 수 있다는 말이다. 그래서 무안武安이라고 호칭했다. 옛 성은 명주洺州 무안현武安縣 서남쪽 50리에 있다. 전국시대에 조趙나라 읍으로써 곧 조사趙奢가 알여閼與를 구원한 곳이다.

【正義】 言能撫養軍士 戰必剋 得百姓安集 故號武安 故城在(潞)[洛]州武安縣西南五十里 七國時趙邑 卽趙奢救閼與處也

④ 巫郡무군

정의 《화양국지》에 "장약張若이 촉태수가 되었다."라고 했다. 《괄지지》에 "무군巫君은 기주夔州 동쪽 100리에 있다."라고 했다.

【正義】 華陽國志張若爲蜀中郡守 括地志云 巫郡在夔州東百里

⑤ 黔中郡검중군

정의 《괄지지》에 "검중黔中 고성은 진주辰州 원릉현沅陵縣 서쪽 20
리에 있다. 강남江南에 있는 지금의 검부黔府가 또한 그 땅이다."라고
했다.

【正義】 括地志云 黔中故城在辰州沅陵縣西二十里 江南 今黔府亦其地也

⑥ 江南강남

정의 검중군黔中郡에서 반란하여 도리어 초楚나라로 돌아갔다.

【正義】 黔中郡反歸楚

32년 승상 양후穰侯가 위나리를 공격해 대량大梁에 이르러 포연暴鳶을 무찌르고 4만 명의 목을 베자 포연이 달아나고 위나라에서는 3개 현을 바쳐 화평을 청했다. 33년 객경客卿 호양胡陽이 위나라의 권성卷城과① 채양蔡陽과 장사長社②를 침공해 빼앗았다. 망묘芒卯를 화양華陽에서③ 공격해 깨부수고 15만 명의 머리를 베었다. 위나라가 남양南陽을 바치고 화평을 청했다. 34년 진秦나라는 위나라와 한韓나라에 상용上庸을 주어 일군一郡을 만들어 남양南陽에서 파면된 신하들을 면직해서 옮겨 살게 했다. 35년 한나라·위나라·초나라를 도와 연나라를 정벌했다. 처음으로 남양군南陽郡을 설치했다.

三十二年 相穰侯攻魏 至大梁 破暴鳶 斬首四萬 鳶走 魏入三縣請和 三十三年 客卿胡(傷)[陽]攻魏卷① 蔡陽 長社② 取之 擊芒卯華陽③ 破之 斬首十五萬 魏入南陽以和 三十四年 秦與魏 韓上庸地爲一郡 南陽免臣遷居之 三十五年 佐韓 魏 楚伐燕 初置南陽郡

① 芬권

집해 〈지리지〉에 "하남河南에 권현卷縣이 있다."라고 했다.
【集解】 地理志河南有卷縣

정의 卷은 '권[丘袁反]'으로 발음한다. 《괄지지》에 "옛 권성卷城은 정주鄭州 원무현原武縣 서북쪽 7리에 있는데 곧 형옹衡雍이다."라고 했다.

【正義】 卷音丘袁反 括地志云 故卷城在鄭州原武縣西北七里 卽衡雍也

② 蔡陽長社채양장사

집해 〈지리지〉에는 "영천永川에 장사현長社縣이 있다."라고 했다.

【集解】 地理志潁川有長社縣

정의 《괄지지》에 "채양蔡陽은 지금의 예주豫州 상채수上蔡水 북쪽이
고 고성古城은 예주豫州 북쪽 70리에 있다. 장사長社 고성은 허주許州
장사현長社縣 서쪽 1리에 있다. 모두 위읍魏邑이다."라고 했다.

【正義】 括地志云 蔡陽 今豫州上蔡水之陽 古城在豫州北七十里 長社故城
在許州長社縣西一里 皆魏邑也

③ 芒卯華陽망묘화양

집해 사마표는 "화양華陽은 정자 이름亭名인데 밀현密縣에 있다."라
고 했다.

【集解】 司馬彪曰 華陽 亭名 在密縣

색은 망묘芒卯는 위나라 장수이다. 초주는 맹묘孟卯라고 했다.

【索隱】 芒卯 魏將 譙周云孟卯也

정의 《괄지지》에 "옛 화성華城은 정주鄭州 관성현管城縣 남쪽 30리에 있다. 《국어》에는 사백史伯이 정환공鄭桓公에게, 괵虢과 회鄶의 10개 읍이 있는데 화華가 그중 하나라고 대답했다. 화양은 곧 이 성이다."라고 했다. 조사해보니 이때에 한나라와 조나라가 군사를 화양에서 모집해 진나라를 공격했다는 곳이 곧 이곳이다.

【正義】 括地志云 故華城在鄭州管城縣南三十里 國語云史伯對鄭桓公 虢鄶十邑 華其一也 華陽卽此城也 按 是時韓 趙聚兵於華陽攻秦 卽此矣

④ 南陽남양

집해 서광은 "하내河內 수무修武는 옛 남양南陽인데 진시황秦始皇이 그 명칭을 다시 하내河內로 바꾸었으며, 위魏나라 땅에 속했다. 형주荊州 남양군南陽郡은 본래 한韓나라 땅에 속해 있었다."라고 했다.

【集解】 徐廣曰 河內修武 古曰南陽 秦始皇更名河內 屬魏地 荊州之南陽郡 本屬韓地

정의 《괄지지》에 "회懷의 획가현獲嘉縣은 곧 옛날 남양南陽이다. 두예杜預는 진주晉州는 산의 남쪽 하수 북쪽에 있으므로 남양南陽이라고 했다. 진秦나라가 망묘芒卯의 군대를 쳐부수고 15만 명의 머리를 베었는데, 위魏나라가 남양을 바쳐 화해했다."라고 했다.

【正義】 括地志云 懷獲嘉縣卽古之南陽 杜預云在晉州山南河北 故曰南陽 秦破芒卯軍 斬首十五萬 魏入南陽以和

⑤ 南陽郡남양군

정의　지금의 등주鄧州이다. 앞에 이미 진秦나라에 소속되었을 때 진나라에서 남양군을 설치했는데 한수漢水의 북쪽에 있다. 《이아》〈석명〉에 "중국 남쪽의 양지陽地에 거하므로 남양군이라고 이름 지었다."라고 했다. 장형張衡의 《남도부南都賦》에는 "경京의 남쪽에서 모시고 한수漢水의 양陽(북쪽)에 있다."라고 했다.

【正義】 今鄧州也 前已屬秦 秦置南陽郡 在漢水之北 釋名云 在中國之南 而居陽地 故以爲名焉 張衡南都賦云 陪京之南 居漢之陽

36년 객경客卿 조竈가 제나라를 공격해 강剛과 수壽를[①] 빼앗아 양후穰侯에게 주었다. 38년 중경中更 호양胡陽이 조나라 알여閼與를[②] 공격했으나 빼앗지 못했다. 40년 도태자悼太子가 위나라에서 죽자 시신을 돌려보내 지양芷陽에서[③] 장례를 치렀다. 41년 여름 위나라를 공격해 형구邢丘와 회懷를[④] 빼앗았다. 42년 안국군安國君이 태자가 되었다. 10월 선태후宣太后가[⑤] 죽어 지양芷陽의 여산酈山에[⑥] 장례를 치렀다. 9월 양후穰侯가 도陶 땅으로 도망갔다.

三十六年 客卿竈攻齊 取剛 壽[①] 予穰侯 三十八年 中更胡(傷)[陽]攻 趙閼與[②] 不能取 四十年 悼太子死魏 歸葬芷陽[③] 四十一年夏 攻魏 取邢丘 懷[④] 四十二年 安國君爲太子 十月 宣太后[⑤]薨 葬芷陽酈山[⑥] 九月 穰侯出之陶

① 剛壽강수

정의 《괄지지》에 "옛 강성剛城은 연주兗州 공구현龔丘縣 경계에 있다. 수壽는 운주鄆州의 현縣이다."라고 했다.

【正義】 括地志云 故剛城在兗州龔丘縣界 壽 鄆州之縣

② 閼與알여

집해 맹강孟康은 "'언여焉與'라고 발음하는데 읍邑 이름이다. 상당上黨의 날현涅縣 서쪽에 있다."라고 했다.

【集解】 孟康曰 音焉與 邑名 在上黨涅縣西

정의 閼은 '알[於達反]'로 발음하고 與는 '예預'로 발음한다. 알여취성閼與聚城은 일명 오소성烏蘇城이라고 하고 노주潞州 동제현銅鞮縣 서북쪽 20리에 있는데 조사趙奢가 진군秦軍을 쳐부순 곳이다. 또 의주儀州 화순현和順縣이 곧 옛 알여성閼與城인데 또 조사趙奢가 진군秦軍을 쳐부순 곳이라고 했다. 그러나 의주儀州와 노주潞州는 서로 가깝지만 두 곳이 자세하지 않다. 또 알여산閼與山은 명주洺州 무안현武安縣 서남쪽 50리에 있는데 조사趙奢가 진군秦軍을 알여에서 막았다고 한 곳이 곧 이 산의 북쪽이다. 조사해보니 알여산은 무안 고성 서남쪽에 있고 또 무안 고성과 가까운데 대개 의주儀州는 봉해졌던 옛 땅이었다.

【正義】 閼 於達反 與音預 閼與聚城一名烏蘇城 在潞州銅鞮縣西北二十里 趙奢破秦軍處 又儀州和順縣卽古閼與城 亦云趙奢破秦軍處 然儀州與潞州

相近 二所未詳 又閼與山在洺州武安縣西南五十里 趙奢拒秦軍於閼與 卽
山北也 按 閼與山在武安故城西南 又近武安故城 蓋儀州是所封故地

③ 芷陽지양

[집해]　서광은 "지금의 패릉霸陵이다."라고 했다.

【集解】　徐廣曰 今霸陵

[정의]　《괄지지》에 "지양芷陽은 옹주雍州 남전현藍田縣 서쪽 6리에 있
다."라고 했다.《삼진기三秦記》에 이르기를 "백록원白鹿原 동쪽에 패천霸
川 서판西阪이 있는데 옛 지양芷陽이다."라고 했다.

【正義】　括地志云 芷陽在雍州藍田縣西六里 三秦記云 白鹿原東有霸川之
西阪 故芷陽也

④ 刑丘懷형구회

[집해]　서광은 "형구刑丘는 평고平皋에 있다."라고 했다. 배인이 조사
해보니《한시외전韓詩外傳》에 무왕武王이 주紂를 정벌할 때 형구刑丘에
도착해서 군사를 영寧 땅에서 정돈하고는 형구의 이름을 회懷라 개칭
하고 영寧을 수무修武라고 했다.

【集解】　徐廣曰 邢丘在平皋 駰案 韓詩外傳武王伐紂 到于邢丘 勒兵於寧
更名邢丘曰懷 寧曰修武

정의 《괄지지》에 "평고平皋 고성은 본래 형구읍刑丘邑이다. 한漢나라에서 평고현平皋縣을 설치했는데 회주懷州 무덕현武德縣 동남쪽 20리에 있었다. 옛 회성懷城은 주周나라의 회읍懷邑인데 회주懷州 무척현武陟縣 서쪽 11리에 있다."라고 했다.

【正義】 括地志云 平皋故城本邢丘邑 漢置平皋縣 在懷州武德縣東南二十里 故懷城 周之懷邑 在懷州武陟縣西十一里

⑤ 宣太后선태후

집해 서광은 "미씨羋氏이다."라고 했다.

【集解】 徐廣曰 羋氏

⑥ 酈山여산

정의 酈는 '리[力知反]'로 발음한다. 옹주雍州 신풍현新豊縣 남쪽 14리에 있다.

【正義】 酈 力知反 在雍州新豊縣南十四里也

43년 무안군武安君 백기白起가 한韓나라를 공격해 9개의 성을 빼앗고 5만여 명의 목을 베었다. 44년 한나라 남양南陽을 공격해 빼앗았다. 45년 오대부五大夫 분賁이① 한나라를 공격해 10개의 성을 빼앗았다. 섭양군葉陽君② 회悝가 나라國(도성)를 나가 봉지에 이르지 못하고 죽었다. 47년 진나라가 한나라 상당上黨을 공격했는데 상당군이 조나라에 항복하자 진秦나라가 조나라를 공격했다. 조나라에서 군사를 일으켜 진나라를 공격하고 서로 대치했다. 진나라에서 무안군 백기에게 공격하게 해 조나라를 장평長平에서 크게 쳐부수고 40여만 명을 모두 죽였다.③ 48년 10월 한나라에서 원옹垣雍 땅을④ 바쳤다. 진나라에서 군대를 삼군三軍으로 나누었다. 무안군이 돌아왔다. 왕흘王齕장군이 조나라의 무안 피뢰皮牢를 정벌해 함락시켰다. 사마경司馬梗이 북쪽으로 태원太原을 평정하고 한나라의 상당上黨을 모두 점령했다. 정월에 전쟁을 중지하고 다시 상당을 수비했다. 그해 10월 오대부 능陵이 조나라의 한단을 공격했다.

四十三年 武安君白起攻韓 拔九城 斬首五萬 四十四年 攻韓南(郡)[陽] 取之 四十五年 五大夫賁①攻韓 取十城 葉陽君②悝出之國 未至而死 四十七年 秦攻韓上黨 上黨降趙 秦因攻趙 趙發兵擊秦 相距 秦使武安君白起擊 大破趙於長平 四十餘萬盡殺之③ 四十八年十月 韓獻垣雍④ 秦軍分爲三軍 武安君歸 王齕將伐趙武安 皮牢 拔之 司馬梗北定太原 盡有韓上黨 正月 兵罷 復守上黨 其十月 五大夫陵攻趙邯鄲

① 五大夫賁오대부분

정의 賁은 '분奔'으로 발음한다. 오대부五大夫는 관직이다. 아마도 분賁은 이름인 것 같다.

【正義】 音奔 五大夫 官 疑賁 名也

② 葉陽君섭양군

집해 일설에는 '화양華陽'이라고 했다.

【集解】 一云 華陽

정의 葉은 '섭[書涉反]'으로 발음한다.

【正義】 葉 書涉反

③秦使武安君白起擊 大破趙於長平 四十餘萬盡殺之진사무안군백기격
대파조어장평 사십여만진살지

신주 이것이 전국시대의 명운을 가른 전투 중의 하나인 장평지전長平之戰이다. 장평은 지금의 산서성 진성晉城시 산하의 고평高平시로 비정한다. 서기전 262년~서기전 260년 사이에 벌어진 진국秦國과 조국趙國의 전쟁으로서 진국의 장수는 백기白起와 왕흘王齕이었고 조국의 장수는 염파廉頗와 조괄趙括이었다. 진군은 약 60만, 조군은 약 45만이었는데 두 나라는 같은 영성이었음에도 불구하고 사생결단하고 싸웠다. 진

군은 약 20만 명이 전사한 반면 조군은 45만 명 전원이 사망했다고 전해진다. 이 대전의 결과 조나라가 약화되면서 전국시대의 저울추가 진나라로 기울었고, 40여 년 후 진시황이 중원을 통일하게 되었다.

④垣雍원옹

[집해] 사마표司馬彪는 "하남河南 권현卷縣에 원옹성垣雍城이 있다."라고 했다.
【集解】 司馬彪曰 河南卷縣有垣雍城

49년 정월 군사를 더 징발해 오대부 릉을 돕게 했다. 릉이 잘 싸우지 못하자 파면하고 왕흘王齕을 장군으로 대체했다. 그해 10월 장군 장당張唐이 위나라를 공격해 빼앗은 땅을 채위蔡尉에게① 다스리게 했는데 버려두고 지키지 못했으므로 장당이 돌아와 처형했다. 50년 10월 무안군 백기가 죄를 짓고 사오士伍로 강등되어 음밀陰密②로 좌천되었다. 장당이 정나라를 공격해 빼앗았다. 12월 군사들을 더욱 징발해 분성汾城③ 가까이에 주둔시켰다. 무안군 백기는 죄가 있어 죽였다. 왕흘이 한단邯鄲을 공격해 함락하지 못하자 달아나서 분성 부근의 군대로 돌아갔다. 두달 남짓 지나 진晉나라 군대를 공격해 6,000명의 목을 베었는데 황하에는 진晉나라와 초나라④ 군사 2만 명의 시체가 떠다녔다. 분성을 공격하고 곧바로 장당을⑥ 따라 영신중寧新中을⑦ 함락하고 영신중의 이름을 바꾸어 안양安陽이라고⑧ 고쳤다. 처음으로 하수에 다리를 만들었다.⑨

四十九年正月 益發卒佐陵 陵戰不善 免 王齕代將 其十月 將軍張唐 攻魏 爲蔡尉①捐弗守 還斬之 五十年十月 武安君白起有罪 爲士伍 遷陰密② 張唐攻鄭 拔之 十二月 益發卒軍汾城③旁 武安君白起有罪 死 齕攻邯鄲 不拔 去 還奔汾軍二月餘 攻晉軍 斬首六千 晉楚④流死 河二萬人 攻汾城 即從唐⑥拔寧新中⑦ 寧新中更名安陽⑧ 初作河橋⑨

① 蔡尉채위

| 정의 | 爲는 '위[于僞反]'로 발음한다. 채蔡는 성姓이고 위尉는 이름이다. |

【正義】 爲 于僞反 蔡 姓 尉 名

② 陰密음밀

| 집해 | 여순如淳은 "일찍이 작위가 있는데 죄를 지어서 작위를 박탈당하면 모두 사오士伍라고 칭한다."라고 했다. |

【集解】 如淳曰 嘗有爵而以罪奪爵 皆稱士伍

| 정의 | 《괄지지》에 "음밀 고성은 경주涇州 순고현鶉觚縣 서쪽에 있는데 곧 옛 밀수국密須國이다."라고 했다. |

【正義】 括地志云 陰密故城在涇州鶉觚縣西 卽古密須國也

③ 汾城분성

| 정의 | 《괄지지》에 "임분臨汾 고성은 강주降州 정평현正平縣 동북쪽 25리에 있는데 곧 옛 임분현성臨汾縣城이다."라고 했다. 조사해보니 분성汾城이 곧 이성이었다. |

【正義】 括地志云 臨汾故城在絳州正平縣東北二十五里 卽古臨汾縣城也 按 汾城卽此城是也

④ 楚초

집해 서광은 "초楚자는 다른 본에는 '주走'로 되어 있다."라고 했다.

【集解】 徐廣曰 楚 一作走

정의 조사해보니 이때에는 초군楚軍이 없었다. 주走자가 옳은 것이다.

【正義】 按 此時無楚軍 走字是也

⑤ 당唐

집해 서광은 "일설에는 '만曼'이라고도 하였는데 이는 조읍趙邑이다."라고 했다.

【集解】 徐廣曰 一作曼 此趙邑也

⑥ 寧新中영신중

집해 당唐은 지금의 진주晉州 평양平陽이며 요堯의 도읍지이다. 《괄지지》에 "영신중寧新中은 7국七國이 있을 당시 위읍魏邑이다. 진소양왕秦昭襄王이 위魏나라 영신중寧新中을 함락시키고 안양성安陽城으로 이름을 고쳤는데 곧 지금의 상주相州 외성이 이곳이다."라고 했다.

【正義】 唐 今晉州平陽 堯都也 括地志云 寧新中 七國時魏邑 秦昭襄王拔魏寧新中 更名安陽城 即今相州外城是也

⑧ 안양安陽

서광은 "위군魏郡에 안양현安陽縣이 있다."라고 했다.

【集解】 徐廣曰 魏郡有安陽縣

지금의 상주相州 외성은 옛날 안양성이다.

【正義】 今相州外城古安陽城

⑨ 河橋하교

이 다리는 동주同州 임진현臨晉縣 동쪽에 있는데 하수를 건너면 포주蒲州에 이르는데 지금의 포진교蒲津橋이다.

【正義】 此橋在同州臨晉縣東 渡河至蒲州 今蒲津橋也

서기전 257년의 일이다.

6국을 통일하다

51년 장군 규摎가 한나라를 공격해 양성陽城과 부서負黍를^① 빼앗고 4만 명의 목을 베었다. 조나라를 공격해 20여 개 현을 빼앗고 9만 명의 목을 베거나 사로잡았다. 서주의 군주가^② 진나라를 배반하고 제후들과 함께 합종책을 맺고는 천하의 정예병을 이끌고 이궐伊闕을 나와 진나라를 공격하니 진나라는 양성陽城을 통과할 수 없었다. 이에 진나라는 장군 규摎에게 서주西周를 공격하게 했다. 서주의 군주가 달려와서 귀순하고 머리를 조아리고 죄를 받겠다면서 그의 읍 36개 성과 3만 명을 모두 바쳤다. 진왕秦王이 헌상을 받고서 서주의 군주를 주나라로 돌려보냈다. 52년 주나라 백성이 동쪽으로 도망쳐서 그 보물인 구정九鼎이 진나라로 들어왔다.^③ 주나라가 처음으로 망했다.

五十一年 將軍摎攻韓 取陽城 負黍^① 斬首四萬 攻趙 取二十餘縣 首
虜九萬 西周君^②背秦 與諸侯約從 將天下銳兵出伊闕攻秦 令秦毋得
通陽城 於是秦使將軍摎攻西周 西周君走來自歸 頓首受罪 盡獻其
邑三十六城 口三萬 秦王受獻 歸其君於周 五十二年 周民東亡 其器
九鼎入秦^③ 周初亡

① 陽城負黍양성부서

정의　지금은 하남부河南府의 현縣이다. 부서정負黍亭은 양성현陽城縣
서남쪽 35리에 있었는데 본래 주읍周邑이었으며 또한 당시에는 한韓나
라에 소속되었다.
【正義】　今河南府縣也 負黍亭在陽城縣西南三十五里 本周邑 亦時屬韓也

② 西周君서주군

정의　무공武公이다.
【正義】　武公

③ 基器九鼎入秦기기구정입진

정의　기器는 보기寶器를 이른다. 우禹임금이 구목九牧의 쇠붙이를 가

지고 형산荊山 아래에서 솥을 주조했는데 각각 구주九州의 물건을 상징하는 것이었다. 그래서 구정九鼎이라고 말했다. 은殷나라를 거쳐 주周나라 난왕赧王 19년에 이르러 진나라 소왕秦昭王이 구정을 빼앗았는데 그 하나는 사수泗水에 빠져 날아가고 나머지 8개가 진秦나라 안으로 들어왔다.

【正義】 器謂寶器 禹貢金九牧 鑄鼎於荊山下 各象九州之物 故言九鼎 歷殷至周赧王十九年 秦昭王取九鼎 其一飛入泗水 餘八入於秦中

53년 천하가 다 귀순했다. 위魏나라가 제일 뒤에 오자 진秦나라는 장군 규에게 위나라를 정벌케 하고 오성吳城을[1] 빼앗았다. 한나라 왕이 들어와 조회했다. 위나라도 나라를 맡기고 명령에 따르겠다고 했다. 54년 소양왕昭襄王이 교외에 나가 옹치雍畤에서 상제上帝에게 제사 드렸다. 56년 가을 소양왕이 죽고 아들 효문왕孝文王이[2] 즉위했다. 생모인 당팔자唐八子를 당태후唐太后로 높여서[3] 선왕先王의[4] 묘지에 합장했다. 한왕韓王이 상복을 입고 사祠에 조문했고 제후들도 모두 장군이나 재상을 보내서 사祠에 조문했으며 상례를 살폈다.

五十三年 天下來賓 魏後 秦使摎伐魏 取吳城[1] 韓王入朝 魏委國聽令 五十四年 王郊見上帝於雍 五十六年秋 昭襄王卒 子孝文王[2]立 尊唐八子爲唐太后[3] 而合其葬於先王[4] 韓王衰絰入弔祠 諸侯皆使其將相來弔祠 視喪事

① 吳城오성

집해 서광은 "대양大陽에 있다."라고 했다.
【集解】 徐廣曰 在大陽

정의 《괄지지》에 "우성虞城 고성은 섬주陝州 하북현河北縣 동북쪽 50리 우산虞山 위에 있는데 또한 이름을 오산吳山이라고 한다. 주무왕이 아우 우중虞仲을 주周나라의 북쪽인 옛 하허夏墟 오성吳城에 봉했는데 바로 이 성城이다."라고 했다.
【正義】 括地志云 虞城故城在陝州河北縣東北五十里虞山之上 亦名吳山 周武王封弟虞仲於周之北故夏墟吳城 卽此城也

② 孝文王효문왕

색은 이름은 주柱인데 53세에 왕위에 올랐고 왕위에 오른 지 1년 만에 죽어서 수릉壽陵에 장사를 지냈다. 아들은 장양왕莊襄王이다.
【索隱】 名柱 五十三而立 立一年卒 葬壽陵 子莊襄王

③ 唐八子爲唐太后당팔자위당태후

집해 서광은 "팔자八子는 첩이나 잉媵의 호칭인데 성씨는 당唐이다"라고 했다.
【集解】 徐廣曰 八子者 妾媵之號 姓唐

[정의] 효문왕孝文王의 어머니인데 먼저 죽었다. 그래서 높인 것이다. 진작은 "황후를 제외하고 소의昭儀 이하부터는 녹봉이 100석에 이르고 총 14등급이다."라고 했다. 《한서》〈외척전〉에는 "팔자八子는 1,000석에 해당하는데 중경中更에 비견된다."라고 했다.

【正義】 孝文王之母也 先死 故尊之 晉灼云 除皇后 自昭儀以下 秩至百石 凡十四等 漢書外戚傳云 八子視千石 比中更

④ 先王선왕

[정의] 그의 어머니인 당태후唐太后와 소왕昭王을 합장한 것이다.

【正義】 以其母唐太后與昭王合葬

효문왕 원년 죄인들을 사면하고 선왕의 공신들을 높이며 친척들을 후하게 표창하고 공원을 개방했다. 효문왕이 상복을 벗고 10월 기해일에 즉위했으나 3일 만인 신축일에 죽으니 아들 장양왕莊襄王이① 왕위를 계승했다.

孝文王元年 赦罪人 修先王功臣 褒厚親戚 弛苑囿 孝文王除喪 十月 己亥即位 三日辛丑卒 子莊襄王①立

① 莊襄王장양왕

색은   이름은 자초子楚이다. 32세에 왕위에 올랐고 왕위에 오른 지 3년 만에 죽어 양릉陽陵에 장사를 지냈다. 기紀에는 '4년'으로 되어 있다.

【索隱】 名子楚 三十二而立 立三年卒 葬陽陵 紀作 四年

장양왕 원년 죄인들을 대사면하고 선왕의 공신들을 높이고 친척들에게 후하게 덕을 베풀고 백성에게 은혜를 펼쳤다. 동주東周의 군주가 제후들과 함께 진나라를 배신할 것을 모의했다. 진나라는 상국 여불위呂不韋를 보내서 그들을 토벌하고 그 나라 영토를 모두 거두어들였다. 진나라는 주나라의 제사를 끊이지 않게 하기 위해서 양인陽人 지역을[1] 주군周君에게 하사해 그 선조들의 제사를 받들게 했다. 몽오蒙驁를 시켜 한나라를 정벌하자 한나라에서는 성고成皋와 공鞏 땅을 헌납했다.[2] 진나라의 경계는 대량大梁까지 이르러 처음으로 삼천군三川郡을 두었다.[3]

莊襄王元年 大赦罪人 修先王功臣 施德厚骨肉而布惠於民 東周君
與諸侯謀秦 秦使相國呂不韋誅之 盡入其國 秦不絕其祀 以陽人地[1]
賜周君 奉其祭祀 使蒙驁伐韓 韓獻成皋 鞏[2] 秦界至大梁 初置三川
郡[3]

① 陽人地양인지

집해   〈지리지〉에는 "하남 양현梁縣에 양인취陽人聚가 있다"라고 했다.

【集解】 地理志河南梁縣有陽人聚

② 成皋鞏성고공

정의 《괄지지》에 "낙주洛州 범수현氾水縣은 옛 동쪽 괵국虢國이며 또한 정鄭나라의 제읍制邑인데 또 다른 이름은 호뢰虎牢라고 하고 한漢나라에서는 성고成皋라 한다."라고 했다. 鞏은 발음이 '공[恭勇反]'인데, 지금의 낙주洛州 공현鞏縣이다. 이때 진秦나라가 동주東周를 멸망시키자 한韓나라가 또한 그 땅을 얻어 또 진秦나라에 바쳤다.

【正義】 括地志云 洛州氾水縣古之東虢國 亦鄭之制邑 又名虎牢 漢之成皋 鞏 恭勇反 今洛州鞏縣 爾時秦滅東周 韓亦得其地 又獻於秦

③ 三川郡삼천군

집해 위소는 "하수河水, 낙수洛水, 이수伊水가 있다. 그러므로 삼천三川이라 한다."라고 했다. 배인이 조사해보니 〈지리지〉에 "한고조漢高祖가 고쳐서 하남군河南郡이라고 했다."라고 했다.

【集解】 韋昭曰 有河 洛 伊 故曰三川 駰案 地理志漢高祖更名河南郡

2년 몽오 장군를 시켜 조나라를 공격하고 태원을 평정했다. 3년 몽오가 위나라의 고도高都와 급汲을① 공격해서 함락시켰다. 조나라의 유차楡次와 신성新城과 낭맹狼孟을② 공격해서 37개의 성을 빼앗았다.③ 4월에 일식이 있었다. 4년 왕흘이 상당을 공격했다.④ 처음으로 태원군을⑤ 설치했다. 위나라 장군 무기無忌가 다섯 나라의 군사들을 거느리고 진나라를 공격하자⑥ 진나라에서는 하수 밖으로 물러났다.⑦ 몽오가 패하자 군사들이 포위를 풀고 떠나갔다. 5월 병오일에 장양왕이 죽고 아들 정政이 왕위에 올랐는데 이이가 진시황제秦始皇帝다.

二年 使蒙驁攻趙 定太原 三年 蒙驁攻魏高都 汲① 拔之 攻趙楡次 新城 狼孟② 取三十七城③ 四月日食 (四年)王齕攻上黨④ 初置太原郡⑤ 魏將無忌率五國兵擊秦⑥ 秦卻於河外⑦ 蒙驁敗 解而去 五月丙午 莊襄王卒 子政立 是爲秦始皇帝

① 高都汲고도급

집해 서광은 "급汲은 다른 본에는 '파波'로 되어 있다. 파현波縣은 또한 하내河內에 있다."라고 했다.

【集解】 徐廣曰 一作波 波縣亦在河內

정의 汲은 '급急'으로 발음한다. 《괄지지》에 "고도高都 고성은 지금

의 택주澤州가 이곳이다. 급汲 고성은 위주衞州에서 다스리는데 급현汲
縣 서남쪽 25리에 있다."라고 했다. 맹강孟康은 "한漢나라 파현波縣은
지금의 치성郗城이 이곳이다."라고 했고 《괄지지》는 "옛 치성郗城은 회
주懷州 하내현河內縣 서쪽 32리에 있다."라고 했으며 《좌전》에는 "소분
생蘇忿生의 12개 읍에서 치郗가 그 하나이다."라고 했다.

【正義】 汲音急 括地志云 高都故城今澤州是 汲故城在衞州所理汲縣西
南二十五里 孟康云漢波縣 今郗城是也 括地志云 故郗城在懷州河內縣西
三十二里 左傳云蘇忿生十二邑 郗其一也

② 楡次新城狼孟유차신성랑맹

정의 《괄지지》에 "유차楡次는 병주현幷州縣이며 곧 옛날 유차楡次 땅
이다. 신성新城은 일명 소평성小平城이라 하는데 삭주朔州 선양현善陽縣
서남쪽 47리에 있다. 랑맹狼孟 고성故城은 병주幷州 양곡현陽曲縣 동북
쪽 26리에 있다."라고 했다.

【正義】 括地志云 楡次 幷州縣 卽古楡次地也 新城一名小平城 在朔州善
陽縣西南四十七里 狼孟故城在幷州陽曲縣東北二十六里

③ 三十七城삼십칠성

정의 조사해보니 37개의 성을 빼앗은 것은 병주幷州·대주代州·삭
주朔州 등 세 개 주의 땅이었다.

【正義】 案 取三十七城 幷代 朔三州之地矣

④ 上黨상당

　정의　상당上黨이 또 진秦나라를 배반했다. 그러므로 공격한 것이다.
【正義】　上黨又反秦 故攻之

⑤ 太原郡태원군

　정의　상당 북쪽이 모두 태원太原의 땅이고 위에서 말한 37개의 성
들이다.
【正義】　上黨以北皆太原地 卽上三十七城也

⑥ 五國兵擊秦오국병격진

　정의　신릉군信陵君이다. 연燕 · 조趙 · 한韓 · 초楚 · 위魏의 군사를 거
느리고 진秦나라를 공격했다.
【正義】　信陵君也 率燕 趙 韓 楚 魏之兵擊秦也

⑦ 秦却於河外진각어하외

　정의　몽오蒙驁가 5개국 군사의 공격을 받아 패하자 드디어 포위를
풀고 물러나 하수河水 밖에 이르렀다. 하외河外는 섬陝과 화華의 2개 주
이다.
【正義】　蒙驁被五國兵敗 逐解而却至於河外 河外 陝 華二州也

진왕 정政이 왕위에 오른 지 26년 처음으로 천하를 합병해 36개 군으로 만들고 시황제라고^① 호칭했다. 시황제가 51세에 붕어하고 아들 호해胡亥가 제위에 올랐는데 이 사람을 2세 황제라고 했다.^② 3년 제후들이 함께 일어나 진나라를 배반하자 조고趙高가 2세를 살해하고 자영子嬰을 제위에 올렸다. 자영이 선 지 한 달 남짓에 제후들이 그를 죽이고 드디어 진나라를 멸했다. 그 이야기는 〈시황제본기〉 중에 있다.

秦王政立二十六年 初并天下爲三十六郡 號爲始皇帝^① 始皇帝五十一年而崩 子胡亥立 是爲二世皇帝^① 三年 諸侯並起叛秦 趙高殺二世 立子嬰 子嬰立月餘 諸侯誅之 遂滅秦 其語在始皇本紀中

① 始皇帝 시황제

[색은] 13세에 왕위에 올랐으며 왕위에 오른 지 37년 만에 붕어해 여산酈山에 장사를 지냈다.

【索隱】 十三而立 立三十七年崩 葬酈山

② 二世皇帝 이세황제

[색은] 12세에 황제에 올랐다. 〈진시황본기〉에는 21세라고 했다. 황위에 오른 지 3년을 재위하고 의춘宜春에 묻혔다. 진秦나라는 양공襄公부터 2세二世에 이르기까지 총 617년이었다. 이는 실제 〈진본기〉를 근거

진시황의 통일과정

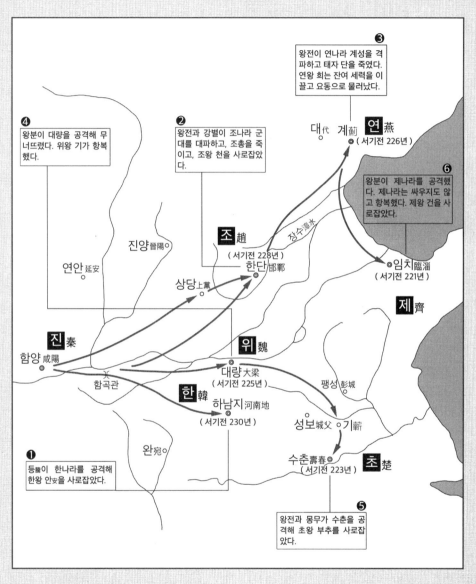

❸ 왕전이 연나라 계성을 격파하고 태자 단을 죽였다. 연왕 희는 잔여 세력을 이끌고 요동으로 물러났다.

❹ 왕분이 대량을 공격해 무너뜨렸다. 위왕 가가 항복했다.

❷ 왕전과 강별이 조나라 군대를 대파하고, 조총을 죽이고, 조왕 천을 사로잡았다.

❻ 왕분이 제나라를 공격했다. 제나라는 싸우지도 않고 항복했다. 제왕 건을 사로잡았다.

대代 계剺 계薊 **연**燕 (서기전 226년)

진양晉陽

연안延安

조趙 (서기전 228년)
한단邯鄲

장수漳水

임치臨淄 (서기전 221년)

상당上黨

제齊

진秦
함양咸陽

함곡관

위魏

대량大梁 (서기전 225년)

팽성彭城

한韓

하남지河南地 (서기전 230년)

성보城父 ○기蘄

완宛

수춘壽春 (서기전 223년)

초楚

❶ 등이 한나라를 공격해 한왕 안安을 사로잡았다.

❺ 왕전과 몽무가 수춘을 공격해 초왕 부추를 사로잡았다.

【참고문헌】

司馬遷,《史記》〈秦始皇本紀〉

로 한 것이고 주석에서는 따로 거론했는데 본문이 잘못되었을 뿐이다.

【索隱】 十二年立 紀云二十一 立三年 葬宜春 秦自襄公至二世 凡
六百一十七歲 此實本紀而注別擧之 以非本文耳

태사공은 말한다.

"진秦나라 선조의 성은 영嬴이다. 그의 후손이 나누어 봉해져
그 나라를 성씨로 삼았다. 서씨徐氏·담씨郯氏·거씨莒氏·종려씨
終黎氏[1]·운엄씨運奄氏·토구씨菟裘氏·장량씨將梁氏·황씨黃氏·
강씨江氏·수어씨脩魚氏·백명씨白冥氏·비렴씨蜚廉氏·진씨秦氏
등이다. 그러나 진秦은 그 선조 조보造父가 조성趙城에 봉해져서
조씨趙氏가 되었다."

太史公曰 秦之先爲嬴姓 其後分封 以國爲姓 有徐氏 郯氏 莒氏 終黎
氏[1] 運奄氏 菟裘氏 將梁氏 黃氏 江氏 脩魚氏 白冥氏 蜚廉氏 秦氏
然秦以其先造父封趙城 爲趙氏

---

① 終黎氏종려씨

집해 서광은 "〈세본世本〉에는 '종리鍾離'로 되어 있다."라고 했다. 응
소는 《씨성주》에는 종려鍾黎라는 성씨가 있다고 한 것이 이것이다"라
고 했다.

【集解】 徐廣曰 世本作鍾離 應劭曰 氏姓注云有姓終黎者是

신주　위에 나오는 성씨들은 모두 영성嬴姓에서 갈라진 동이족 씨들로서 모두 동이족 국가들이다. 이중 서국, 담국이 유명하며, 특히 조국趙國은 뿌리가 같으면서도 진국秦國과 사생결단을 벌인 끝에 멸망하고 말았다. 만약 장평지전長平之戰에서 조국이 승리했거나 두 나라가 외교전으로 전면전을 펼치지 않았다면 이후 중국사는 전혀 다른 방향으로 전개되었을 개연성이 크다.

색은술찬　사마정이 펼쳐서 밝히다.

백예柏翳가 순임금을 돕자 조유皁斿가 이에 내려졌다. 비렴蜚廉이 은주왕殷紂王을 섬기자 석곽石槨이 이에 만들어졌다. 조보造父가 말을 잘 부리자 그를 조성趙城에 봉했다. 비자非子가 말 부리는 일을 쉬지 않으니 그로써 진영秦嬴이라 불렸다. 예악과 활쏘기와 수레 모는 일로 서쪽에 드리워 명성이 있었다. 양공襄公이 주나라를 구원하고 비로소 제후에 배열할 것을 명받았다. 금덕金德으로 백제白帝에게 제사하고 수덕水德에서 군주의 복을 누렸다. 상서祥瑞가 진보陳寶로 상응하고 요언妖言은 풍수豐水의 황소를 제거했다. 백리해百里奚는 패권에 이르게 했고 위앙衛鞅은 각박한 법을 맡았다. 그 후에 통일을 이루었지만 끝내 흉특함을 이루었구나.

【索隱述贊】柏翳佐舜 皁斿是旌 蜚廉事紂 石槨斯營 造父善馭 封之趙城 非子息馬 厥號秦嬴 禮樂射御 西垂有聲 襄公救周 始命列國 金祠白帝 龍祚水德 祥應陳寶 妖除豐特 里奚致霸 衛鞅任刻 厥後吞并 卒成凶慝